Francisco Faus

Um Cântico à Lei de Deus

Meditações sobre o Salmo 119

Copyright © Quadrante Editora

Capa
Gabriela Haeitmann

Dados Internacionais de Catalogação na Publicação (CIP)
(Câmara Brasileira do Livro, SP, Brasil)

Faus, Francisco
  Um cântico à lei de Deus : meditações sobre o
Salmo 119 (118) - 2ª edição / Francisco Faus. – São Paulo:
Quadrante Editora, 2024.

  ISBN 978-85-7465-730-1

  1. Bíblia - A.T. Salmos - Comentários 2. Bíblia -
Ensinamentos 3. Salmos - Meditações I. Título

22–103556   CDD–223.206

Índices para catálogo sistemático:

1. Salmos : Bíblia : Antigo Testamento : Meditações
223.206

Eliete Marques da Silva - Bibliotecária - CRB-8/9380

Conselho editorial
José Maria Rodriguez Ramos
Renata Ferlin Sugai
Hugo Langone

Todos os direitos reservados a
QUADRANTE EDITORA
Rua Bernardo da Veiga, 47 - Tel.: 3873-2270
CEP 01252-020 - São Paulo - SP
www.quadrante.com.br / atendimento@quadrante.com.br

SUMÁRIO

1. UM ENAMORADO DA LEI DE DEUS — 5

2. A ANTIGA ALIANÇAE A ANTIGA LEI — 7

3. A NOVA ALIANÇA E A NOVA LEI — 9

4. UM CAMINHO PARA A FELICIDADE — 13

5. A LUZ QUE ME GUIA — 16

6. ESCOLHER O CAMINHO DA VERDADE — 20

7. OS MANDAMENTOS E A LIBERDADE — 24

8. A BONDADE DE DEUS CRIADOR — 29

9. PROCURAR DE TODO O CORAÇÃO — 34

10. UM CORAÇÃO SINCERO — 39

11. MEDITAR NA LEI DO SENHOR — 43

12. É BOM SER HUMILHADO 47

13. CORRER NA ESTRADA DA LEI DE DEUS 51

14. OS CORAÇÕES SIMPLES ENTENDEM 56

15. ME ARMARAM LAÇOS, MAS NÃO ME DESVIEI 60

16. QUEM AMA A TUA LEI TEM MUITA PAZ 64

17. ESTOU PROSTRADO, DÁ-ME VIDA 68

18. MEUS OLHOS DERRAMAM RIOS DE LÁGRIMAS 72

19. MELHOR DO QUE OURO E PRATA 77

20. COM TUA PALAVRA, ME DESTE ESPERANÇA 82

21. SOU FIEL AOS TEUS TESTEMUNHOS 86

22. O MEU ZELO ME DEVORA 91

I.
UM ENAMORADO
DA LEI DE DEUS

O Salmo 119 [118] é um cântico de amor à Lei de Deus. Foi composto na época do retorno do povo de Israel após o longo exílio na Babilônia. É o Salmo mais longo dos 150 que compõem o Saltério e está redigido em forma de acróstico: cada estrofe de oito versos inicia-se com uma das vinte e duas letras do alfabeto hebraico. A palavra *lei*, ou outra equivalente (preceito, decreto, mandamento, caminho, estatuto, juízo, palavra...), aparece em cada um dos 176 versículos que o compõem. Portanto, o amor apaixonado do autor pela Lei de Deus transparece em todas as estrofes.

"Este Salmo — comentava Bento XVI — está impregnado de amor pela Palavra de Deus; celebra a sua beleza, a sua força salvífica, a sua capacidade de nos dar alegria e vida"[1].

---

1 Alocução na *Audiência geral* de 9 de novembro de 2011.

UM CÂNTICO À LEI DE DEUS

O autor do Salmo, inspirado pelo Espírito Santo, pode ter sido um dos judeus que, de regresso a Jerusalém, escutaram comovidos durante sete dias o sacerdote Esdras lendo e comentando, do alto de um estrado e com a ajuda dos levitas, os preceitos da Lei de Deus.

Todo o povo chorava ao ouvir as palavras da Lei. Então, o governador Neemias, um dos artífices do retorno à pátria e da reconstrução do Templo, dirigiu-se a todos os presentes, dizendo: *Este é um dia consagrado ao Senhor, vosso Deus! Não lamenteis nem choreis... Não é dia de luto, pois a alegria do Senhor será a vossa força* (Ne 8, 1-10).

2.

A ANTIGA ALIANÇA
E A ANTIGA LEI

A Lei que o salmista contempla, agradecido, é a Lei dada por Deus a Moisés no alto do monte Sinai. Essa Lei – a *Torah* hebraica – sela a aliança de Deus com seu povo eleito. Na base de todos os seus preceitos encontra-se o Decálogo, os Dez Mandamentos que o Senhor deixou gravados em duas tábuas de pedra e entregou a Moisés (cf. Ex 34, 28).

Como explica o *Catecismo da Igreja Católica*: "Os preceitos do Decálogo assentam as bases da vocação do homem, feito à imagem de Deus; proíbem aquilo que é contrário ao amor de Deus e do próximo e prescrevem o que lhe é essencial. O Decálogo é uma luz oferecida à consciência do homem, para lhe manifestar o chamamento e os caminhos de Deus e protegê-lo do mal" (n. 1962).

E acrescenta: "Os dez mandamentos ensinam-nos a verdadeira humanidade do homem. Iluminam os deveres essenciais

UM CÂNTICO À LEI DE DEUS

e, portanto, indiretamente, os direitos fundamentais inerentes à natureza da pessoa humana. O Decálogo contém uma expressão privilegiada da "lei natural"" (n. 2070).

Nos Dez Mandamentos contêm-se noções básicas sobre o bem e o mal, válidas para todos os seres humanos, em qualquer tempo e lugar. "A lei natural é imutável — diz também o *Catecismo* — e permanece através das variações da história; ela subsiste sob o fluxo das ideias e dos costumes e constitui a base para o seu progresso" (n. 1958).

Fora do caminho que ela assinala, o ser humano perde a sua humanidade, desfigura a imagem e semelhança com Deus que lhe foi dada pelo Criador.

3.

A NOVA ALIANÇA E A NOVA LEI

Na Última Ceia, quando Jesus ia oferecer seu sacrifício redentor para a salvação da humanidade, instituiu a Eucaristia. Após consagrar o pão — *Isto é o meu corpo, que é entregue por vós* —, falou da nova Aliança que Ele veio instituir: *Tomando o cálice e dando graças, deu-o aos discípulos dizendo: "Bebei dele todos, pois isto é o meu sangue, o sangue da Aliança, que é derramado por muitos para remissão dos pecados"* (Mt 26, 27-28).

Será que, ao falar da "nova Aliança" — *a nova Aliança no meu sangue*, como diz São Paulo (1 Cor 11, 25) —, Cristo quis anular ou substituir a antiga?

O próprio Jesus nos esclarece essa dúvida.

Primeiro, quando afirma, no início do Sermão da Montanha: *Não penseis que vim revogar a Lei ou os Profetas. Não vim para os revogar, mas para dar-lhes pleno cumprimento.* Jesus não veio, portanto, para suprimi-los, mas para elevá-los à sua máxima perfeição (cf. Mt 5, 17).

UM CÂNTICO À LEI DE DEUS

Depois, quando o jovem rico lhe perguntou: *Mestre bom, que devo fazer para alcançar a vida eterna?* Cristo respondeu: *Se queres entrar na vida, guarda os mandamentos.* Voltou a indagar o moço: *Quais?* Então, Jesus lembrou-lhe o Decálogo, manifestando, assim, que os Dez Mandamentos continuavam em pleno vigor: *Não matarás, não cometerás adultério, não roubarás, não levantarás falso testemunho, honra pai e mãe...*

Aquele rapaz retrucou, satisfeito, que já os vinha observando desde a adolescência. Então, Jesus, olhando para ele com carinho, acrescentou: *Ainda te falta uma coisa. Se queres ser perfeito, vai, larga tudo o que tens... e, depois, vem e segue-me* (cf. Mt 19, 16-22; Mc 10, 17-21).

Reparou? Jesus pediu-lhe (como, aliás, pede a todos nós), em primeiro lugar, a prática dos Dez Mandamentos; depois, que O seguisse, ou seja, que seguisse o seu exemplo e os seus ensinamentos, a fim de viver como Ele, de acordo com os passos dEle.

Guarda os mandamentos. Segue-me! Compreendemos o significado dessas duas frases? Tudo fica iluminado quando Cristo indica qual é o primeiro e principal mandamento da Lei da Deus: *Amarás o Senhor teu Deus com todo o teu coração, com toda a tua alma com todo o teu entendimento. Esse é o maior e o primeiro mandamento. O segundo é semelhante a esse: Amarás o teu próximo como a ti mesmo. Desses dois mandamentos dependem toda a Lei e os Profetas* (Mt 22, 34-40). Jesus une esses dois preceitos pois são inseparáveis. Toda a Lei tem o Amor como preceito primeiro e primordial, como núcleo e coração.

É importante destacar a última frase: *Desses dois mandamentos "dependem" toda a Lei e os profetas.* Literalmente, deveríamos traduzir "pendem", "estão pendurados". Isso quer dizer que qualquer outro mandamento vivido sem amor a Deus e ao próximo não se sustenta, cai por terra.

Se você lê e medita devagar o capítulo quinto do Evangelho de São Mateus, encontrará ali exemplos muito realistas de como

A NOVA ALIANÇA E A NOVA LEI

Jesus eleva os Dez Mandamentos a um novo patamar de Amor — assim mesmo, com letra maiúscula.

Ao mandamento de "não matar", por exemplo, Jesus acrescenta, como parte dele, o dever de evitar até mesmo "irritar-se" ou "insultar" o próximo. Também o sexto e o nono mandamentos, que se referem aos pecados contra a castidade — a "fornicação", o "adultério" —, são elevados por Jesus ao nível de não admitir sequer um olhar infiel de cobiça, nem um mau desejo sexual. E, ainda mais claramente, quando se trata do mandamento de amar ao próximo como a nós mesmos, o Senhor faz subir o preceito do amor ao próximo ao seu nível máximo: *Amai os vossos inimigos e orai pelos que vos perseguem. Essa é a nova Lei.*

Com poucas palavras, São Paulo a resumirá: *A plenitude da Lei é o amor* (Rm 13, 10). E comentará que nós podemos viver essa vida cristã de amor, que excede as forças humanas, porque *o amor de Deus foi derramado em nossos corações pelo Espírito Santo que nos foi dado* (Rm 5, 5). Como dizia Bento XVI: "O amor pode ser mandado, porque, antes, nos é dado"[1]. Já no Batismo nos foi dada — juntamente com o Espírito Santo — a capacidade de amar com a força do amor divino. Neste sentido é que São Tomás de Aquino pôde dizer que "a lei nova é principalmente a graça do Espírito Santo, que é dada aos fiéis de Cristo"[2].

Essa é a perspectiva sobrenatural que fazia os primeiros cristãos vibrarem de alegria. Vale a pena atentar para o calor com que São João escreve: *Nisto reconhecemos que amamos os filhos de Deus, quando amamos a Deus e guardamos os seus mandamentos. Pois este é o amor de Deus: observar os seus mandamentos. E os seus mandamentos não são pesados, pois que todo o que nasceu de Deus — todo o que nasceu do alto, pela graça do batismo (cf. Jo 3, 3) — vence o mundo. E esta é a vitória que venceu o mundo: a nossa fé* (1 Jo 5, 2-4).

---

1 Carta encíclica *Deus caritas est*, n. 15.
2 *Suma teológica*, I-II, q. 106, a. 1.

UM CÂNTICO À LEI DE DEUS

Com essa perspectiva "plena", e pedindo a luz do Espírito Santo, procuraremos meditar a partir de agora sobre alguns trechos concretos deste Salmo 119.

4.

UM CAMINHO
PARA A FELICIDADE

Felizes os que procedem com retidão,
os que caminham na lei do Senhor.
Felizes os que guardam seus testemunhos
e o procuram de todo o coração (Salmo 119, 1-2).

O autor sagrado começa o Salmo 119 com a palavra "felizes", "bem-aventurados". Movido por Deus, extravasa a sua alegria por ter recebido o dom da Lei divina, que lhe indica o caminho da felicidade.

Todos sentimos intimamente que nascemos para ser felizes. A vida inteira corremos, de um modo ou de outro, atrás da felicidade. O próprio Deus criou-nos para que alcançássemos a bem-aventurança eterna. Poderíamos perguntar: "Quando? Depois da morte?". Sem dúvida isso é decisivo, pois a única "meta" importante é ir ao Céu por toda a eternidade. Mas não é só...

UM CÂNTICO À LEI DE DEUS

São Josemaria afirmava: "Estou cada vez mais convencido disto: a felicidade do céu é para os que sabem ser felizes na terra"[1], mesmo com sofrimentos, e até com grandes sofrimentos. Os que seguem Jesus pelo caminho de amor — lembremos o exemplo maravilhoso dos santos —, no entanto, aprendem a ser felizes mesmo no meio da dor, uma vez que gozam da certeza de saber-se — aconteça o que acontecer — *filhos muito amado de Deus* (Ef 5, 1). E podem dizer, cheios de júbilo: *Se Deus é por nós, quem será contra nós?... Quem poderá separar-nos do amor de Cristo?* (Rm 8, 31.35).

É muito interessante o que diz Santo Tomás sobre a alegria: "A alegria é uma virtude?... A alegria não é uma virtude distinta da caridade (do amor cristão): ela é um ato ou um efeito da caridade... A Carta aos Gálatas a enumera entre os frutos do Espírito Santo"[2]. Trata-se da alegria que Jesus nos prometeu como fruto da sua Paixão redentora e do envio do Espírito: *Vós agora sentis tristeza. Mas eu vos verei novamente, e o vosso coração se alegrará, e ninguém poderá tirar a vossa alegria* (Jo 16, 22).

Com a alma feliz, o nosso salmista proclama seu encantamento com a lei de Deus: *Os teus testemunhos são a alegria do meu coração* (v. 111). São isso mesmo para nós? É claro que ninguém pode se encantar com uma coisa que não conhece nem sente. Para os que vivem fora do aconchego da fé e do amor de Deus, é lógico que seja incompreensível a segurança com que o salmista chama *felizes os que caminham na lei do Senhor* (v. 1).

Muitos homens e mulheres, quando decididos a conhecer e a seguir os preceitos de Jesus, experimentariam o que ele prometeu aos Apóstolos na Última Ceia, após o lava-pés: *Uma vez que sabeis estas coisas* [o exemplo e as palavras de Jesus], *sereis felizes se as puserdes em prática* (Jo 13, 17).

---

1 São Josemaria Escrivá, *Forja*, n. 1005.
2 *Suma teológica*, II-II, q. 28, a. 4.

Façamos uma pausa para refletir e meditar:

- Eu *caminho na Lei do Senhor*, que é expressão da vontade de Deus? Qual é o rumo da minha vida? Tenho uma meta clara, diante de Deus, para a qual se orientam e encaminham todas as minhas aspirações e ações?

- Quais são as sinalizações do caminho de minha vida? Serão, porventura, os meus interesses egoístas — e mais nada? Ou, então, as teorias e opiniões sobre a vida formuladas na escuridão do materialismo, sem a luz de Deus?

- O que guia a minha vida? Será que tenho mesmo "guia"? Meu Deus, que eu não seja um desses que parecem não ter uma alma que pensa, uma alma que avalia, reflete, distingue o certo do errado e decide; que não seja dos que, em vez de alma, parecem ter apenas um "focinho canino", que fareja inquieto, de cá para lá, que tudo fuça e, sem poder pensar, só se move pelo que o atrai a cada momento.

- Porventura acho que o materialismo, o ceticismo e o niilismo são luzes válidas para nos orientar no caminho da vida?

5.

A LUZ
QUE ME GUIA

*A tua palavra é uma tocha diante dos meus passos,
luz no meu caminho* (v. 105).

*Inclina meu coração para teus preceitos
e não para a avareza* (v. 36).

A Lei de Deus é um facho de luz que, à frente dos meus passos, vai me indicando o caminho certo. Para compreendê-la, teria de abrir os olhos e, antes disso, o coração.

Jesus, Palavra definitiva de Deus (cf. Hb 1, 1-2), chama-se a si mesmo *Luz do mundo*. Ele, a Palavra divina que se fez carne, afirma: *Eu sou a luz do mundo. Aquele que me segue não caminha nas trevas, mas terá a luz da vida* (Jo 8, 12). E exorta-nos a abrir o coração e a vida inteira a essa luz. Ao mesmo tempo, alerta: *Se a luz que há em ti são trevas, quão grandes serão essas trevas!* (Mt 6, 23).

A LUZ QUE ME GUIA

É muito ruim viver no escuro. É, principalmente, um perigo. Lembro-me agora de um fato doloroso, ocorrido há muitos anos com uma menina exemplar. Tinha boa formação espiritual, era ótima aluna no primeiro ano da faculdade e frequentava um centro feminino de formação cristã que eu atendia espiritualmente na época. Saiu dirigindo seu carro num fim de semana para participar de uma festa familiar fora da cidade. Entrou na rodovia, atenta aos sinais de acesso à estrada secundária onde deveria entrar (na época, não havia GPS). Entrou na alça e bateu de frente com um caminhão que descia em alta velocidade. Havia entrado na alça errada, estava na contramão. Morreu.

Isso me faz recordar mais uma vez a cena do jovem rico. Lembra, leitor? Cheio de entusiasmo, procura Jesus e, todo afobado, pergunta: *Mestre bom, que devo fazer para ganhar a vida eterna?* Ao ouvir a resposta de Cristo — *segue-me* —, baixou os olhos, virou as costas e *foi embora cheio de tristeza, pois possuía muitos bens* (Mc 10, 17-22). Chocou-se de frente com um caminhão chamado materialismo, e dele restou apenas a sombra de um homem triste, que se perde na neblina.

Ouça agora Jesus, que fala com você e comigo: "Você está na mão ou na contramão? Quais são as sinalizações da sua vida?". E diz-nos ao ouvido: *Eu sou o bom pastor, aquele que dá a vida pelas suas ovelhas, sou aquele que caminha à frente das suas ovelhas e elas o seguem porque conhecem a sua voz... As minhas ovelhas escutam a minha voz, eu as conheço e elas me conhecem. Eu lhes dou a vida eterna... Ninguém vai arrancá-las da minha mão* (Jo 10, 11.4.27-28).

Jesus, a sua palavra e o seu exemplo são, ao lado do Decálogo bem entendido, os meus *mandamentos*, o caminho da vida. Você os conhece? Você os escuta? Você os medita? É o único jeito de não ter de aplicar-se a si mesmo, na metade ou no fim da vida, aquelas palavras com que Dante começa a *Divina comédia*: "No meio do caminho da nossa vida, encontrei-me numa selva escura, porque havia perdido o caminho direito".

UM CÂNTICO À LEI DE DEUS

Se achamos nos versos de Dante uma voz que nos atinge, rezemos: "Senhor, eu não sou, não quero ser um pedaço de matéria pensante, perdido no redemoinho da confusão generalizada, tendo perdido o norte de Deus". Sem querer, vêm à lembrança as palavras da epígrafe que Guimarães Rosa colocou abaixo do título de seu *Grande sertão: veredas*: "O diabo na rua, no meio do redemoinho". Não vemos que é isso o que acontece a muitos?

Peça a Deus que, como diz São Pedro (cf. 2 Pd 1, 19), *se levante em seu coração a estrela da manhã, que anuncia o esplendor do sol que já está raiando*. Lembre-se de que Zacarias, o pai de João Batista, profetizou sobre Jesus dizendo que, com Ele, nos *visita o sol nascente, para iluminar os que jazem nas trevas e nas sombras da morte, para guiar nossos passos no caminho da paz* (Lc 1, 78-79).

Sugiro-lhe agora que pegue um papel ou abra o bloco de notas do celular e anote as "suas" respostas à seguinte pergunta: qual é a lista dos meus *valores reais*, concretos e práticos, aqueles que "realmente" guiam os meus passos (não só na teoria, nos sonhos e nos desejos) pelo caminho da vida? Tente responder a essa questão e depois confronte suas respostas com as seguintes perguntas:

- Eu sei quem é Cristo, o que Ele nos diz, o que Ele fez, como é que nos guia e nos dá vida, ou tenho apenas uma vaga ideia, algumas vezes sentimental e outras vezes obscura, até negativa? Será que assim Jesus pode ser a Luz da minha vida?

- Sei que o mundo, em grande parte, está imerso em uma nuvem escura de preconceitos e erros sobre Deus, sobre a religião, sobre o sentido da vida, sobre o ser humano? Estou ciente de que todos aqueles que desejam sinceramente encontrar a Verdade acabam encontrando-a em Jesus, *Caminho, Verdade* e *Vida*, ganhando nisso a coragem para sair do marasmo ambiental e enveredar, contra a corrente, pelo caminho da felicidade?

A LUZ QUE ME GUIA

- Já descobri o *Catecismo da Igreja Católica*, tesouro de estudo e meditação para a vida inteira? Sei que São João Paulo II considerava esse Catecismo a *"norma segura* para o ensino da fé"?

6.

ESCOLHER O CAMINHO DA VERDADE

Escolhi o caminho da verdade,
ponho ante meus olhos tuas normas (v. 30).

Desvia o meu olhar, para eu não ver as vaidades,
faze-me viver no teu caminho (v. 37).

Venha em meu auxílio a tua mão,
pois escolhi os teus preceitos (v. 173).

O *caminho da Verdade!* Para muitos, não é nada fácil escolhê-lo. Inclusive tropeçam antes de tê-lo empreendido, no primeiro degrau: os Mandamentos. O conteúdo da Lei antiga e eterna parece-lhes um conjunto de proibições e limites, no qual a liberdade ficaria asfixiada.

Nas tábuas da Lei há vários mandamentos positivos, como

ESCOLHER O CAMINHO DA VERDADE

amar a Deus sobre todas as coisas, santificar o dia do Senhor, honrar pai e mãe... A maior parte deles, no entanto, começa com um "não", palavra de três letras que parece um tapa na cara da liberdade de escolha. Muitos lembram com ressentimento os "nãos" que recebiam dos pais quando eram adolescentes e a liberdade fervilhava em suas veias. "É proibido proibir", dizia um lema pichado em todas as paredes nas décadas de 1960 e 1970.

Você talvez possa me dizer: "Gosto do amor e da liberdade, mas odeio a lei moral com suas imposições e proibições (não pode, não faça, é pecado), que mais parecem algemas".

Se a sua mentalidade for essa, de rebeldia crítica, responderei que não entendeu nada. Quando a Lei moral nos diz um "não", está indicando aquele tipo de "não" imprescindível para podermos dizer um "sim" pleno ao amor e à liberdade.

Há outra comparação que pode nos ajudar. Pense no caminho da vida como uma autoestrada. Toda boa estrada tem seus limites bem marcados, com guarda-corpos, sinais luminosos, placas, muretas. Acaso são limitações da liberdade? Ao contrário. São a proteção da liberdade, para que possamos correr velozmente, sem acidentes ou desvios, e chegarmos bem ao lugar aonde *escolhemos* ir livremente. Algo semelhante acontece com os preceitos negativos da Lei de Deus: são os guarda-corpos, as muretas e os sinais luminosos do caminho que nos conduz — velozmente, se dirigirmos bem a vida — à realização, ao amor verdadeiro, à bem-aventurança na terra e no Céu.

Se, em nome da liberdade, um louco dissesse: "A mim, ninguém me impõe nada", e pretendesse burlar as "limitações" da estrada, acabaria como a pobre menina sobre a qual falávamos no capítulo anterior.

Muita coisa sábia já foi dita sobre a Lei de Deus, entre elas esta, de São João Paulo II: "Deus, que *é o único bom* (Mt 19, 17), conhece perfeitamente o que é bom para o homem e, devido ao seu

UM CÂNTICO À LEI DE DEUS

mesmo amor, o propõe nos mandamentos"[1]; e estas outras de Bento XVI: "A lei divina não é um jugo pesado de escravidão, mas um dom da graça que nos torna livres e nos leva para a felicidade"[2]. Em suma, a Lei de Deus procede do Amor, que é Deus, e indica o caminho da verdadeira realização humana no Amor eterno.

Em nossas vidas, porém, sempre se levanta, como uma nova cabeça da hidra mítica, a tentação de fazer da liberdade a nossa única lei. A quem pensa assim, eu perguntaria: "Que liberdade defende?". Pois há duas liberdades: *a liberdade de indiferença e a liberdade de qualidade*[3]. A de indiferença diz: "Escolho o que quero e ponto. Tanto faz que se julgue moral ou imoral; para mim é indiferente". A liberdade de qualidade diz: "Escolho o que, depois de ter pensado sinceramente, vejo que é um *valor autêntico*, uma manifestação de amor verdadeiro, digno de ser escolhido, mesmo que implique em renúncias e sacrifícios".

Vejamos um retrato da liberdade de indiferença. Trata-se do balanço entristecido da vida de uma pessoa de idade já avançada, com estas ou parecidas palavras:

"Passei a vida indo atrás do que quero e gosto, sem mais considerações. Pensei sempre: eu sou a minha lei, a minha lei é a liberdade. Então passaram-se os anos e reparei que, por mais longe que eu julgasse ter ido, fiquei apenas dando voltas ao redor de mim mesmo, como o ursinho de pelúcia da história infantil de A.A. Milne, *Ursinho Pooh*. Ele saiu para caçar uma fera imaginária, seguindo pegadas misteriosas na neve, e afinal descobriu que andara em círculos, seguindo as próprias pegadas e caminhando atrás de si mesmo, sem encontrar nada nem chegar a parte alguma".

Não seria melhor dizer, com o Salmo: *Escolhi o caminho da verdade, escolhi os teus preceitos, meu Deus?*

---

1 Carta encíclica *Veritatis splendor*, n. 35.

2 Audiência geral de 9 de novembro de 2011.

3 Cf. Servais Pinckaers, O.P.: *Las fuentes de la moral cristiana*, EUNSA, Pamplona, 2002.

Vamos refletir um pouco?

- Quando deixei de praticar a religião e abandonei os preceitos de Deus e da Igreja (se, porventura, isso me aconteceu), senti-me mais livre ou mais preso a tentativas infelizes e decepções?

- Acho que uma moral sem normas, sem orientação nem barreiras, é o caminho ideal para construir uma sociedade mais harmônica e feliz? Não percebo que essa atitude conduz claramente a terríveis discórdias, termina em imposições ideológicas tirânicas e acaba na *ditadura do relativismo*?

- Que vejo nessa libertação dos "preconceitos" da "moral cristã"? Vejo pessoas de pensamento mais livre ou escravos levados pelo cabresto do "politicamente correto"? Vejo pessoas com mais autocontrole e, portanto, mais livres, ou pessoas mais escravizadas pelos vícios em álcool, sexo e drogas?

7.

OS MANDAMENTOS E A LIBERDADE

O coração deles é insensível como a gordura,
na tua lei encontro minhas delícias (v. 70).

Dirige-me na senda dos teus mandamentos,
porque nela está a minha alegria (v. 35).

Se a tua lei não fosse o meu prazer,
já há muito teria perecido na minha miséria (v. 92).

Quantas pessoas, hoje, são capazes de compreender esses três versículos do Salmo 119?

Retomando algumas ideias da meditação anterior — e aprofundando-as —, você já deve ter ouvido a conversa daqueles que afirmam que a ética judaico-cristã cerceou a liberdade humana, inventando pecados, impondo-lhe mandamentos e

OS MANDAMENTOS E A LIBERDADE

proibições (como se qualquer outra civilização e cultura não tivesse leis que comandam, que restringem, que punem crimes, delitos, transgressões e contravenções).

Os que pensam assim, engolindo um Nietzsche malpassado e mais alguns farrapos de Marx, são os mesmos que têm como lema "é proibido proibir", isto é, os que identificam a liberdade com o capricho e a arbitrariedade sem freios.

Estamos na época da revolução dos desejos cegos, que desativa a inteligência e desfibra a vontade. Procura-se, então, dinamitar os Mandamentos e os ideais morais do cristianismo (família, matrimônio, sexualidade, filhos). Zomba-se deles e jogam-nos constantemente na máquina trituradora do "politicamente correto".

Para esses *corações engordurados*, ser livre é fazer em cada momento o que mais apetece ao egoísmo quimicamente puro, viver "sem lei, nem rei". Esses "critérios" libertários do egoísmo pretendem converter-se em "norma obrigatória" e se impõem de modo indiscutível e tirânico. O direito a opinião, à divergência de pensamento, ao diálogo aberto, fica assim espezinhado, suprimido por decretos ditatoriais.

A filósofa alemã Jutta Burggraf descreve muito bem essa situação: "Em nossas sociedades há "correntes de ouro". Reina a tirania das massas e dos costumes. Não é difícil descobrir uma poderosa corrente coletivista que tende a despojar-nos do mais recôndito do nosso ser, com o fim de igualar e massificar os homens. Há pessoas que nem se dão conta das suas correntes. O que pensam, sentem ou dizem não é coisa sua: são os sentimentos, pensamentos e frases feitas publicados em milhares de jornais e revistas, na rádio, na televisão e na internet. Quando alguém começa a pensar e agir por conta própria e mantém uma opinião divergente da que é geralmente aceita pelo "sistema"..., simplesmente é rejeitado"[1] — "cancelado", diríamos hoje. Toda dissonância com o pensamento

---

1 Entrevista sobre o livro A *liberdade vivida com a força da fé*, em 02 de junho de 2006.

UM CÂNTICO À LEI DE DEUS

atual, que bate numa nota só e elimina as outras, é esmagada pelo rolo compressor da ideologia.

Essa mentalidade "libertária", na realidade, é o oposto da liberdade autêntica.

Você já viu, ao entardecer de um dia de primavera, uma revoada de cupins ou aleluias? Voam às centenas da toca subterrânea, penetram nas casas por qualquer fresta aberta num cômodo iluminado. Circulam à toa em volta de uma lâmpada ou sobre os móveis; e logo depois caem-lhes as asas, ao que vivem até que uma mão os esmaga ou um jato de inseticida os liquida.

Ao perder o rumo, a liberdade "liberticida" perde as asas e sucumbe à verdadeira escravidão. Jesus frisou: *Em verdade, em verdade vos digo: quem comete o pecado é escravo do pecado* (Jo 8, 34). E São Pedro falou, como se estivesse vivendo hoje, dos que *prometem a liberdade, quando eles mesmos são escravos da corrupção, pois cada um é escravo daquele que o vence* (2 Pd 2, 19).

Como faz pensar o realismo de uma reposta de Bento XVI ao jornalista e escritor Peter Seewald: "O homem anseia por uma alegria infinita, deseja o prazer até o extremo, quer o infinito. Só que, onde não há Deus, ele não lhe é concedido. E aí tem de ser ele próprio a criar a falsidade, a falsa infinitude"[2].

Àquele que, agindo contra a lei de Deus, diz que faz tudo livremente, haveria de perguntar-lhe: "Você realmente faz o que quer, ou faz aquilo que *já não pode deixar de querer?*". Os atos iniciados com um grito de liberdade pouco a pouco se tornam hábitos, vícios — bebida, drogas, sexo sem limites, mentir sem rebuços, corrupção no trabalho —, verdadeiras amarras de que os "prisioneiros da liberdade" já não conseguem soltar-se.

Vale a pena meditar nas palavras de um belo poema de Paul Claudel: "Que me importa a porta aberta, se não tenho a chave? Que me importa a minha liberdade, se não sou o seu dono?... Meu Deus, libertai-me da liberdade!... A liberdade está contida

2 *Luz do mundo: uma conversa com Peter Seewald*, Lucerna, Cascais, 2010.

OS MANDAMENTOS E A LIBERDADE

no amor"[3].

Em suas *Confissões*, Santo Agostinho narra o drama do seu longo itinerário até a conversão. Livrar-se de paixões arraigadas, de hábitos impregnados, por assim dizer, à sua alma e ao seu corpo, custou-lhe muita oração, muita luta, muitas derrotas e muitas renúncias. Experimentava seus vícios como uma segunda pele e lamentava, falando com Deus: "Eu tinha amor aos meus caminhos, e não aos vossos; amava a minha liberdade de escravo"[4].

Como aconteceu com Santo Agostinho, todo aquele que, ajudado pela graça, vai conquistando pouco a pouco a *liberdade dos filhos de Deus* (Rm 8, 21) sente caírem os grilhões. Consegue soltar-se e elevar-se do chão com as duas asas da verdadeira liberdade: a inteligência iluminada pela fé e a vontade auxiliada pela graça; também entende que os mandamentos e preceitos de Deus sinalizam a estrada que conduz às verdadeiras alegrias. "Livre — dizia o converso André Frossard — é aquele que também *pode* fazer o que *não quer*"[5].

Basta um raciocínio muito simples. Todo católico com o mínimo de instrução religiosa sabe que ir à Missa aos domingos e dias de guarda é um dos cinco preceitos da Igreja. Quem é mais livre? Aquele que não quer ir porque está *dominado, vencido*, pela preguiça e por isso não consegue, não *pode* fazer o que *não quer*? Ou aquele que, sentindo a mesma preguiça, vence a si mesmo e, dono de sua vontade, decide fazer o que a consciência lhe pede e vai, ainda que indisposto?

Em poucas palavras, São Josemaria resumia a visão da verdadeira liberdade da seguinte maneira: "A liberdade adquire o seu autêntico sentido quando é exercida em serviço da verdade que resgata, quando a gastamos em procurar o Amor infinito de Deus, que nos desata de todas as escravidões"[6].

---

3 *Cinco grandes odes*, Filocalia, São Paulo, 2021.

4 *Confissões*, 3, 3, 5.

5 André Frossard, *Há um outro mundo*, Ed. Salsiana, Porto, 1977, p. 43.

6 *Amigos de Deus*, n. 27.

UM CÂNTICO À LEI DE DEUS

A alma livre, que corre feliz pelo caminho da Lei do Senhor, sente no íntimo o que exprime o Salmo 119: *Se a tua lei não fosse o meu prazer, já há muito teria perecido na minha miséria. Na tua Lei encontro minhas delícias, nela está a minha alegria!*

A meditação ficou um pouco extensa, mas, mesmo assim, vale a pena fazer um breve exame:

- Compreendo que a liberdade não é um fim em si mesma, mas um *meio* para escolher e decidir o que dá valor e conteúdo à nossa vida? Vejo claro que liberdade sem ideal e sem responsabilidade é uma ciranda cega que só nos destrói?

- Agradeço a Deus que tenha facilitado a nossa vida acendendo, como luzes que indicam o caminho da verdade e da felicidade, os seus Mandamentos e conselhos? Vejo que eles assinalam a pista por onde podemos progredir livremente em uma vida de amor?

- Olho sempre para o exemplo de Jesus? Compreendo o sentido profundo das palavras: *Eu sou o caminho, a verdade e a vida?*

8.

A BONDADE DE DEUS CRIADOR

De tua bondade, Senhor, está cheia a terra inteira;
ensina-me os teus estatutos (v. 64).

Tuas mãos me fizeram e plasmaram;
faze-me entender, e aprenderei teus mandamentos (v. 73).

O resumo da tua palavra é a verdade,
são para sempre as tuas justas normas (v. 160).

É muito bonito ver que o salmista contempla o mundo com um olhar puro e, assim, entende que as maravilhas da Criação — especialmente dos seres humanos, filhos de Deus — nos falam da bondade do Criador: *de tua bondade está cheia a terra inteira.* Por isso, pede a Deus que o faça conhecer seus mandamentos, pois compreende que eles são os guias certos para

UM CÂNTICO À LEI DE DEUS

que possamos viver em sintonia com a verdade da Criação, tal como Deus a quis e a fez.

De tua bondade está cheia a terra inteira! Os corações puros veem as coisas criadas como uma luminosa transparência da bondade e da beleza de seu Criador, que nelas ficaram impressas.

No Antigo Testamento, lemos as seguintes palavras do autor do Livro da Sabedoria: *São vãs por natureza essas pessoas nas quais não há conhecimento de Deus. Porquanto, partindo dos bens visíveis, não foram capazes de conhecer Aquele que é; nem tampouco, pela consideração das obras, chegaram a conhecer o Artífice.* Referindo-se a seguir aos desvios dos pagãos, que cultuaram as criaturas, os ídolos, em vez do Criador, continua: *Se, encantados por sua beleza, tomaram essas criaturas por deuses, reconheçam quanto o seu Senhor é maior do que elas: pois foi o Princípio e Autor da beleza quem as criou... De fato, partindo da grandeza e beleza das criaturas, pode-se chegar a ver, por analogia, o seu Criador* (Sb 13, 1-5).

São Paulo retoma esse pensamento no primeiro capítulo da sua carta aos romanos. Doendo-se da incredulidade dos pagãos, escreve: *O que de Deus se pode conhecer é a eles manifesto, já que Deus mesmo lhes deu esse conhecimento. De fato, as perfeições invisíveis de Deus — não somente o seu poder eterno, mas também a sua eterna divindade — são claramente conhecidas através de suas obras, desde a criação do mundo [...]. Apesar de conhecerem a Deus, não o glorificaram como Deus nem lhe deram graças. Pelo contrário, perderam-se em seus pensamentos fúteis, e seu coração insensato se obscureceu [...]. Por isso, Deus os entregou, dominados pelas paixões dos seus corações, a tal impureza que eles desonram seus próprios corpos* (Rm 1, 19-24).

Mais uma vez devemos recordar aquela grande verdade que Jesus nos manifestou nas Bem-aventuranças: *Felizes os puros de coração, porque eles verão a Deus* (Mt 5, 8).

É natural que o inimigo de Deus — *o mentiroso e pai da mentira,* como o chama Jesus (cf. Jo 8, 44) — faça o possível para distor-

A BONDADE DE DEUS CRIADOR

cer a verdade e *obscurecer os corações*. Com esse fim, tenta apagar o foco certo, que é a revelação divina da verdade: o resumo da tua palavra (de todos os ensinamentos e preceitos de Deus) *é a verdade*, lemos no Salmo.

Você não percebe que muitos dos que vivem hoje num mundo paganizado ouvem constantemente o sibilar da cobra do Paraíso, que lhes diz: *Sereis como deuses*, isto é, sereis vós, e não Deus, os senhores da vida, definidores dos caminhos do bem e do mal (cf. Gn 3, 5)? É o mesmo sussurro com que Satanás quis barrar a missão salvadora de Jesus, por meio das três tentações no deserto. Na terceira, *mostrou-lhe todos os reinos do mundo, com o seu esplendor, e disse-lhe: "Tudo isto te darei se, prostrado, me adorares"* (Mt 4, 8-10). Cristo o repeliu energicamente: *Para trás, Satanás! "Ao Senhor teu Deus adorarás, e só a ele prestarás culto!"*.

No entanto, hoje, uma grande massa escolhe negar a Deus e prostrar-se de corpo e alma aos pés dessa mentira. São como os soldados do pretório de Pilatos, que, após coroarem de espinhos o Cristo flagelado, cuspiam-lhe na cara e lhe diziam, sem palavras, com seu ar triunfal: "Eu sou a Lei".

A grande "prostração" de muitos, no mundo atual, consiste no desejo de suplantar Deus, de "corrigir" — com a "autoridade" de sua liberdade sem verdade — a obra da Criação e as luzes dos Mandamentos. Cada qual quer tornar-se criador de si mesmo e do mundo. É como se o Inimigo não parasse de lhes dizer: "Vós fareis um novo ser humano, à imagem e semelhança dos vossos desejos, da vossa soberba, e não *à imagem e semelhança de Deus*" (cf. Gn 1, 26-27).

Em contraste com isso, o coração que não ficou *obscurecido* alegra-se cada vez mais ao ler as palavras do Salmo: *Tuas mãos me fizeram e plasmaram; faze-me entender e aprenderei teus mandamentos.* "Eu quero ser sempre — pensam — cada vez mais "imagem de Deus"; o que equivale a dizer: "Quero ser imagem do Amor eterno, tanto aos olhos de Deus como aos dos meus irmãos os homens. Sei que crescerei nesse amor na

UM CÂNTICO À LEI DE DEUS

medida em que procurar conhecer, tratar e amar a Cristo, que *é a imagem do Deus invisível, Primogênito de toda criatura porque nele foram criadas todas as coisas, nos céus e na terra, as visíveis e as invisíveis*" (Cl 1, 15-16)".

Creio que as seguintes manifestações de Bento XVI nos ajudarão a compreender melhor o que foi dito até aqui:

"A tarefa definitiva do homem não é inventar, mas adivinhar, prestar ouvidos com atenção, à justiça do Criador, à própria verdade da Criação. Somente isso garante a liberdade, porque somente isso garante o respeito do homem pelo homem, pela criatura de Deus que é — segundo Paulo — o distintivo dos que conhecem a Deus. Essa tarefa de adivinhar, de aceitar a verdade do Criador em sua Criação, é adoração. Nós nos referimos a isto quando dizemos: "Creio em Deus Pai todo-poderoso, criador do Céu e da terra". Dizer "creio no Criador" significa aceitar as condições que Ele estabeleceu para a Criação, bem como as verdades nela contidas"[1].

O segundo texto é uma passagem da homilia pronunciada pelo Papa Bento XVI no dia da Imaculada Conceição de 2005: "Nós vivemos do modo justo se vivermos segundo a verdade do nosso ser, ou seja, segundo a vontade de Deus. Porque a vontade de Deus não é para o homem uma lei imposta a partir de fora, que o obriga, mas a medida intrínseca da sua natureza, uma medida que está inscrita nele e que o torna imagem de Deus e, assim, criatura livre. Se nós vivermos contra o amor e contra a verdade, contra Deus, então destruir-nos-emos uns aos outros e aniquilaremos o mundo".

---

1 Joseph Ratzinger, *Teoria de los pricipios teológicos*, Ed. Herder, Barcelona, 1985, pp. 85-87.

A BONDADE DE DEUS CRIADOR

Vamos ao nosso exame:

- Vejo nas palavras da Revelação divina — na Bíblia, nos Evangelhos... — as verdades fundamentais sobre os planos amorosos de Deus Criador e Redentor, as verdades que sinalizam o roteiro da bondade de nossa existência?

- Procuro com sinceridade saber qual é o plano de Deus em relação aos seres humanos, quais os caminhos que Ele preparou para a nossa realização temporal e eterna?

- Vejo na Palavra de Deus, nos seus Mandamentos, nos seus ensinamentos, na vida e nas palavras de Jesus, a verdade autêntica sobre o ser humano? Estou convencido de que só "me encontrarei" a mim mesmo se procurar viver de acordo com o plano de Deus?

9.

PROCURAR
DE TODO O CORAÇÃO

De todo o coração eu te procuro,
não me deixes desviar dos teus preceitos (v. 10).

Abre-me os olhos
para contemplar as maravilhas da tua Lei (v. 18).

Escolhi o caminho da verdade,
ponho ante meus olhos as tuas normas (v. 30).

No começo do quinto capítulo está o versículo que diz: *A tua palavra é luz no meu caminho* (v. 105).

"Luz", na Bíblia, significa na maior parte das vezes "verdade"; concretamente, a verdade que é Deus e aquela que procede dEle. *Nele estava a vida* — diz São João no prólogo do seu Evangelho —, *e a vida era a luz dos homens* (Jo 1, 4). E, na sua primeira carta:

PROCURAR DE TODO O CORAÇÃO

Esta é a mensagem que ouvimos dele (de Cristo) *e vos anunciamos: Deus é luz, e nele não há treva alguma* (1 Jo 1, 5).

Deus é luz. Cristo é a luz do mundo (cf. Jo 8, 12). Luz sem sombras nem manchas: é a Verdade limpa e clara, a luz verdadeira que, vindo ao mundo, ilumina todo homem (cf. Jo 1, 9).

O leitor não sente a necessidade de uma luz que lhe encha a alma e lhe mostre sem enganos a autêntica vida? No canto mais profundo de nosso coração, todos nós temos este anseio: o desejo, muitas vezes abafado, de conhecer a verdade sobre Deus e caminhar nela; no fundo gostaríamos de poder dizer, como o Salmo: *De todo o coração eu te procuro...* Mas nos custa.

Esse anseio foi, no meio das dúvidas, o longo sofrimento de Santo Agostinho: "Ó eterna verdade, verdadeira caridade e querida eternidade! És o meu Deus, por ti suspiro *dia e noite* (Sl 1, 2). Desde que te conheci, tu me elevaste para que visse que aquilo que eu deveria ver e ainda era incapaz de ver, de fato, existia. Atingiste a minha vista enferma com tua irradiação fulgurante, e eu tremi de amor e de temor. Percebi que estava longe de ti, numa região estranha"[1].

Talvez você também se encontre em uma região estranha, oscilando entre querer se aproximar de Deus e preferir não ver claramente. Ficar nisso, porém, não é *caminhar na verdade* (2 Jo 4), mas evitá-la.

A sinceridade da nossa procura de Deus e da sua Vontade (da sua Lei de amor) está como que retratada em duas breves parábolas de Jesus.

- A primeira é a parábola do tesouro escondido: *O Reino dos Céus é semelhante a um tesouro escondido no campo; um homem o acha e, cheio de alegria, vai, vende tudo o que possui e compra aquele campo* (Mt 13, 44).

---

1 *Confissões*, Livro VII, 16.

UM CÂNTICO À LEI DE DEUS

Muitos, graças a Deus, podem "ver-se" nessa parábola. Eram cristãos, mais ou menos praticantes. Tinham fé, aprendida mais ou menos em crianças, mas se mexiam no campo de uma rotina espiritual que não tinha brilhos nem surpresas. De repente, um belo dia Deus os acordou: talvez com o exemplo de alguém, ouvindo uma palestra sobre a Palavra de Deus, folheando um livro, assistindo a uma *live* na Internet. A graça do Espírito Santo despertou neles, então, o afã de conhecer, de se aprofundar nas verdades da fé e em sua vertente prática, a moral cristã. E surpreenderam-se: sentiram-se como quem descobre um oceano, do qual conheciam apenas umas gotas de água.

Logo pediram a Deus, como o Salmo: *Abre-me os olhos; escolhi o caminho da verdade.* Foram entendendo, cada vez mais, por experiência vital, que a Verdade, a Vontade, a Lei de Deus é um tesouro escondido, um mar imenso cheio de *insondáveis riquezas* (Ef 3, 8), que Cristo é Palavra e a Lei definitiva. A partir daí, não pararam. Alegres pelo achado, decidiram mergulhar mais e mais no conhecimento de Deus, no estudo da vida e dos ensinamentos de Cristo, no estudo e na prática da doutrina cristã.

- A segunda parábola é parecida com a do tesouro: *O Reino dos Céus é ainda semelhante a um negociante que anda em busca de pérolas finas. Ao achar uma pérola de grande valor, vai, vende tudo o que possui e a compra* (Mt 13, 45-46).

Trata-se da imagem das almas inquietas pela Verdade, desejosas de uma vida autêntica, pessoas que têm coração grande e procuram Deus sem cessar.

Poderiam aplicar-se a elas as palavras de uma homilia de São Gregório Magno sobre a Ressurreição. Fala de Maria Madalena, que no dia de Páscoa, apesar de encontrar o sepulcro de Jesus vazio, não parou de procurá-lo, empenhada em ungir seu pobre corpo morto e prestar-lhe assim uma última homenagem; por isso, foi a primeira a quem Jesus ressuscitado apareceu:

PROCURAR DE TODO O CORAÇÃO

"Procurava — diz São Gregório — aquele a quem não tinha encontrado, procurava-o chorando e, inflamada no fogo do seu amor, ardia em desejos de encontrar aquele que julgava terem roubado. E assim aconteceu que foi a única que o viu naquele momento".

Essas almas que procuram talvez tenham viajado de boa fé por várias filosofias e religiões, sem encontrar a pérola. Mas não desistem. E Deus premia essa boa vontade, fazendo que um dia fiquem deslumbradas ao receber a graça de conhecer o verdadeiro rosto de Cristo e de descobrir, ao mesmo tempo, o que é a sua Santa Igreja. Muitos — solteiros ou casados — decidiram então entregar a vida ao amor de Deus e ao apostolado, desejosos de compartilhar também a sua felicidade com parentes, amigos e conhecidos.

Se essas almas corresponderem à graça de Deus, se continuarem a se aprofundar no *amor de Cristo que excede todo conhecimento* (cf. Ef 3, 17-19), receberão contínuas graças que vão encher de luz as suas almas, a sua vida familiar, o seu trabalho, as suas obras...

E assim continuarão dizendo, felizes, até a morte: *Abre-me os olhos, para contemplar as maravilhas da tua Lei* (v. 18).

UM CÂNTICO À LEI DE DEUS

Façamos o nosso exame de consciência:

- Já percebi que as riquezas da Lei de Deus, do Evangelho de Jesus Cristo, são para mim como um continente desconhecido, que tenho de buscar com toda a alma, sem parar até "descobri-lo"?

- Tenho consciência de como é pobre o meu conhecimento da Lei de Deus e de que talvez nem sequer saiba repetir de cor os Dez Mandamentos e as virtudes e defeitos relacionados a cada um deles?

- Já li a Bíblia? Já li e reli e voltei a ler o Novo Testamento, do Evangelho de São Mateus até o Apocalipse? Encontrei muitas ou poucas "pérolas escondidas" nas palavras de Jesus, de São Paulo, de São João...?

- Li e estudei livros para adultos sobre a doutrina cristã — como o *Catecismo da Igreja Católica* e *A fé explicada*, de Leo Trese —, nos quais se encontram aprofundamentos certos sobre as verdades que Deus revelou e os desdobramentos práticos da Lei de Deus?

10.

UM CORAÇÃO SINCERO

*Vou te louvar com um coração sincero
quando aprender tuas justas normas* (v. 7).

*Odeio e detesto a mentira,
mas amo a tua lei* (v. 163).

*Tu, Senhor, estás perto,
todos os teus preceitos são verdadeiros* (v. 151).

Entre as bem-aventuranças, núcleo do Sermão da Montanha, que — como ensinam Santo Agostinho e São Tomás — contêm "um perfeito programa da vida cristã"[1], Jesus propôs a seguinte: *Bem-aventurados os puros de coração, porque verão a Deus* (Mt 5, 8). Já a citamos várias vezes; agora aprofundemo-nos um pouco mais nela.

1 *Suma teológica*, I-II, q. 108, a. 3.

UM CÂNTICO À LEI DE DEUS

A *sinceridade* para com Deus e para com a nossa consciência é uma boa parte da pureza de coração de que Jesus fala (cf. 2 Cor 1, 12). Mas essa sinceridade não é fácil. Fácil é, ao contrário, confundir a alma, evitando enxergar os nossos erros e pecados e justificando-nos com desculpas.

Depois da queda original, o livro do Gênesis narra que Deus chamou Adão: *Onde estás?* E Adão respondeu: *Fiquei com medo... e escondi-me.* É exatamente o que fazemos muitas vezes. Temos medo de olhar-nos a nós mesmos sob o olhar de Deus e aceitar: "Eu sou orgulhoso, eu sou preguiçoso, eu me engano..."; e também tentamos justificar-nos com desculpas, como fez Adão, que escondeu-se atrás de umas moitas e pôs a culpa em Eva: *A mulher que me deste por companheira, foi ela...* E Eva: *Foi a serpente, que me enganou...* (Gn 3, 10-13). Nenhum dos dois assumiu a culpa.

E nós, que fazemos? Às vezes escondemo-nos, mentindo para a nossa consciência e colocando tapumes — desculpas — para justificar-nos. Falta-nos a coragem de olhar Deus de frente. Temos medo de que o Senhor nos faça enxergar o que não queremos ver... porque não o queremos corrigir.

Santo Agostinho, que passou por essas tentações, compreendeu a verdade: "Poderia o meu coração fugir do meu coração? Poderia eu fugir de mim mesmo? Não haveria eu de me seguir sempre?"[2]. Medite no que escreve São João: *Aquele que diz: "Eu o conheço" [a Cristo], mas não guarda os seus mandamentos, é mentiroso, e a verdade não está nele* (1 Jo 2, 4).

Temos de convencer-nos de que, enquanto quisermos ficar longe da verdade, enquanto não pudermos dizer como o nosso Salmo — *Odeio e detesto a mentira, mas amo a tua lei* — não acharemos a paz, nem poderemos avançar.

No Evangelho de São João, encontramos umas palavras de Cristo que derrubam as máscaras: *Quem faz o mal odeia a luz e não se aproxima da luz, para que suas obras não sejam descobertas.*

2 *Confissões*, IV, 7.

UM CORAÇÃO SINCERO

Mas quem age segundo a verdade aproxima-se da luz, para que se manifeste que suas obras são feitas em Deus (Jo 3, 20-21).

Vamos nos aproximar da luz? Fazer um bom exame de consciência, ajudados pela oração? Procurar o auxílio de um bom orientador espiritual? Fazer a confissão, de modo a podermos *louvar a Deus com um coração sincero?*

Sem uma confissão sincera e um propósito firme de retificar, acabaremos permanecendo atrás da moita e mentiremos ainda mais, dizendo: "Isso que eu não pratico já era, está ultrapassado"; "Não posso"; "Tentei, mas não consigo"; "Afinal, não sou santo"; "Não tenho tempo"; "Não tenho jeito" etc. E, então, esqueceremos as palavras de São Paulo: *Tudo posso naquele que me dá forças* (Fl 4, 13). São palavras de fé; palavras que comprometem.

Simone Weil foi uma escritora francesa, judia, que tinha um coração sincero e nobre e, por isso, pulsava em sintonia com Deus: "O conhecimento do bem só se tem enquanto se faz o bem... Quando alguém faz o mal, não o reconhece, porque o mal foge da luz". A essas palavras pode-se acrescentar estas outras, de Goethe: "Não podemos reconhecer o erro enquanto não nos livrarmos dele"[3].

As pessoas humildes, sinceras e confiantes que, apesar de seus erros e falhas, lutam por seguir o roteiro de Deus podem fazer suas as palavras do Salmo que citamos no início deste capítulo: *Tu, Senhor, estás perto, todos os teus preceitos são verdadeiros.*

3 Os dois textos estão citados em J. Ratzinger, *Creación y pecado*, EUNSA, Pamplona, 2005, p. 89.

UM CÂNTICO À LEI DE DEUS

Façamos o exame de consciência:

- Procuro ser sincero com Deus e comigo mesmo, ou prefiro continuar navegando por águas confusas e traiçoeiras?

- Compreendo que um coração que não queira enganar-se nem enganar poderá confiar sempre na misericórdia de Deus e na ajuda de sua graça, que poderá ter esperança, ainda que carregue um bom fardo de erros e de pecados?

- Por que deixo que certos vícios e omissões, que não me fazem feliz, me impeçam de ouvir a voz de Deus no íntimo da alma?

- Já experimentei lutar, confiando na ajuda de Deus? Procuro ir alcançando pequenas vitórias — com minha oração e meu sacrifício — contra os defeitos e faltas que me pareciam incuráveis? Já experimentei que, depois de tentar combatê-los sinceramente, eles passam a parecer curáveis?

11.

MEDITAR NA
LEI DO SENHOR

Abre-me os olhos,
para eu contemplar as maravilhas da tua lei (v. 18).

Quanto amo a tua lei;
passo o dia todo a meditá-la (v. 97).

Erguerei as mãos aos teus preceitos que amo,
e meditarei nos teus estatutos (v. 48).

Os preceitos de Deus têm calor, têm o "toque" cálido do amor de Deus, visivelmente manifesto em Cristo. Por isso, porque eles me mostram que sou amado por Ele, é que posso dizer que amo os seus preceitos.

O leitor conhece muito bem a diferença entre escutar a palavra

UM CÂNTICO À LEI DE DEUS

neutra de um noticiário de televisão e ouvir a palavra de uma pessoa que nos ama. A primeira voa; a outra fica aconchegada no íntimo do coração. Quando a fé ilumina a nossa vida, todo mandamento de Deus, toda orientação sua, é acolhida como manifestação de carinho.

Houve muitos santos que meditaram dia e noite nas palavras do Senhor. O Evangelho nos conta que Nossa Senhora *conservava cuidadosamente no coração* tudo o que Deus lhe dizia — por meio de palavras e de acontecimentos — e que ela ficava *ponderando, meditando tudo isso no coração* (Lc 2, 19 e 51). Assim, Maria conseguiu manter total sintonia com o Senhor.

"A lei de Deus — dizia Bento XVI — exige a escuta do coração, uma escuta feita de obediência; não servil, mas filial, confiante e consciente. A escuta da Palavra é encontro pessoal com o Senhor da vida, um encontro que deve traduzir-se em escolhas concretas e tornar-se caminho e seguimento"[4].

Há pessoas, até mesmo teólogos, que estudam a Palavra, a Lei do Senhor, no Antigo e Novo Testamento, com a frieza com que estudariam um hieróglifo egípcio ou um fóssil do neandertal, sem que se sintam pessoalmente interpelados por essas descobertas; no máximo, vão fazer um artigo para uma revista especializada, que naturalmente não lhes mudará em nada nem as virtudes, nem os defeitos. Não captam que toda palavra de Deus é viva, uma mensagem pessoal que só pode ser assimilada por quem está disposto a mudar, com o auxílio da graça e dos dons do Espírito Santo.

Ouça o que diz São Paulo: *O homem natural* (o que não possui a graça divina) *não capta as coisas do Espírito de Deus, pois para ele são loucuras. Não as pode compreender, porque devem ser julgadas espiritualmente* (1 Cor 2, 14).

Pelo contrário, os que, como diz o Salmo, *confiam nos man-*

4 Audiência geral de 9 de novembro de 2011.

damentos do Senhor (v. 66) e lhe pedem que os *ajude a entendê-los e aprendê-los* (v. 73) experimentam o que escrevia São Boaventura: "O fruto da Sagrada Escritura não é um fruto qualquer, mas a plenitude da felicidade eterna. De fato, a Sagrada Escritura é precisamente o livro no qual estão escritas palavras de vida eterna..., da vida eterna em que veremos, amaremos, e serão realizados todos os nossos desejos"[5].

Meditar no coração — orando — os mandamentos e preceitos de Deus é deixar que o Espírito Santo acenda duas grandes luzes na alma: a luz que ilumina o sentido profundo das palavras divinas e a luz do nosso coração, que nos permite amar, aceitar e abraçar as palavras divinas. Quem ama não discute, não se perde em disquisições bizantinas. Estuda, sim, mas para enxergar a verdade com maior profundidade.

Assim, "a existência inteira do homem torna-se um diálogo com Deus que fala e escuta, que chama e dinamiza a nossa vida. Aqui a Palavra de Deus revela que toda a existência do homem está sob o chamamento divino... Pela fé, o homem entrega-se total e livremente a Deus"[6].

É muito importante o que diz Bento XVI na exortação apostólica *Verbum Domini*: "A interpretação da Sagrada Escritura ficaria incompleta se não se ouvisse também quem viveu verdadeiramente a Palavra de Deus, ou seja, os santos. De fato, *viva lectio est vita bonorum*"[7] ["a vida dos bons é uma lição viva"]. A interpretação mais profunda da Escritura provém precisamente daqueles que se deixaram plasmar pela Palavra de Deus através da sua escuta, leitura e meditação assíduas"[8].

Daí, dessa prática, nasce e se alimenta a alegria espiritual

---

5 *Breviloquium, Opera omnia*, pp. 201-2. Citado por Bento XVI na Exortação apostólica *Verbum Domini*, n. 23.

6 Bento XVI, *Verbum Domini*, nn. 24 e 25.

7 São Gregório Magno, *Moralia in Job*, 24, 8, 16.

8 *Verbum Domini*, n. 48.

UM CÂNTICO À LEI DE DEUS

que vemos nos santos, uma alegria que se torna cada vez mais intensa quando fazemos o possível para concretizar o que Deus nos pede. *Felizes* — dizia Jesus — *os que ouvem a palavra de Deus e a põem em prática* (Lc 11, 28). Santo Ambrósio afirmava que, "quando tomamos nas nossas mãos, com fé, as Sagradas Escrituras e as lemos com a Igreja, o ser humano volta a passear com Deus no Paraíso"[9].

No fim desta meditação, um exame de consciência:

- Já descobri a necessidade de reservar diariamente um mínimo de dez minutos de leitura meditada sobre *dois livros*: o livro da Palavra de Deus (ou um livro que medite sobre as palavras de Deus) e o livro da minha vida?

- Posso dizer que estou familiarizado com a Bíblia, especialmente com os livros cristãos da Bíblia, isto é, com o Novo Testamento? Tenho o hábito de ler diariamente algum trecho dos Evangelhos?

- Conheço bem o *Sermão da Montanha* (capítulos 5 a 7 do Evangelho de São Mateus), no qual, segundo Santo Agostinho e São Tomás — como já mencionávamos antes — há "um programa perfeito de vida cristã"[10]?

9 Cf. *Verbum Domini*, n. 87.
10 *Suma teológica*, I-II, q. 108, a. 3c.

12.

É BOM
SER HUMILHADO

Antes de ser humilhado, pecava,
mas agora guardo tua promessa (v. 67).

Foi bom para mim ser humilhado,
para aprender teus estatutos (v. 71).

Senhor, sei que são justas tuas normas,
e com razão me humilhaste (v. 75).

O Cardeal Ratzinger dizia que, depois do pecado original, todos nós carregamos na alma uma gota do veneno da serpente do Paraíso, ou seja, do veneno do orgulho: *sereis como deuses* (Gn 3, 1-5).

Com frequência, é como se a cobra do Paraíso levantasse a cabeça no nosso coração, com a arrogância mentirosa com que

UM CÂNTICO À LEI DE DEUS

Satanás enganou os nossos primeiros pais. Jesus mostra como é a cabeça levantada do orgulho ao apresentar o fariseu da parábola como um homem daqueles *que confiavam em si mesmos e desprezavam os demais* (Lc 18, 9). Confiando em si, não precisavam se apoiar em Deus; desprezando os outros, viviam satisfeitos por serem os maiorais.

Essa cobra de cabeça elevada precisa de uma *cura*: uma boa paulada ou uma pisada vigorosa que lhe esmague a cabeça, como a que Jesus descarrega, no filme *da Paixão*, sobre a cabeça da serpente que o ameaça no Horto das Oliveiras.

Essa pisada libertadora do orgulho é o que Deus permite que nos aconteça de vez em quando com as humilhações que sofremos: fracassos, incompreensões, desprezos, mal-entendidos, críticas, quedas em constrangimentos lamentáveis... Esses fatos humilhantes podem acirrar o orgulho dos fracos, que se sentem diminuídos e se revoltam; ou, pelo contrário, podem conceder às almas de boa vontade a graça de se tornarem humildes.

As almas de boa vontade percebem, por meio da pancada da humilhação, que não somos aquele "deus" intocável, sempre vencedor, sempre admirado e adorado que gostaríamos de ser. É justamente para essas boas almas que o nosso Salmo diz: *Antes de ser humilhado, pecava*; e também: *Foi bom para mim ser humilhado.*

O cristão que tem fé e amor a Cristo pode aguentar e superar essas humilhações inesperadas pedindo a Jesus que o ajude a unir-se às afrontas que Ele padeceu por nós na Paixão. Essas contrariedades humilhantes tornam-se, então, humilhações salutares, pois vemos nelas a presença da Providência de Deus que nos purifica, que limpa em nós o veneno letal da soberba e nos identifica com Cristo. Dessas humilhações podemos dizer sempre: *Foi bom para mim ser humilhado.*

As almas que têm densidade espiritual, no meio da noite da humilhação, vão descobrindo estrelas novas que elevam seu olhar para os verdadeiros valores da vida. Aquilo que humanamente foi uma "descida", uma "queda", uma "falência", na realidade foram asas emprestadas por Deus para que se pudessem alcançar novos patamares de amor e inexplicáveis alegrias.

Há outra humilhação que o nosso orgulho pode infeccionar. Refiro-me ao pessimismo em que afundamos, às vezes, quando falhamos nos bons propósitos, quando nos vemos fracassando uma e outra vez na luta contra certas tentações... O fato repetido de falhar, de não termos sido capazes de cumprir o que nos propusemos, mexe com o nosso orgulho, humilha e desanima. Mas o que Deus nos pede é que transformemos essa humilhação em humildade boa, positiva, como aquela de que fala o Salmo: *Foi bom para mim ser humilhado.*

Das nossas fraquezas, da nossa fragilidade, nunca devemos tirar pessimismo. Elas são megafones de que Deus se serve para nos dizer: "Está vendo? A virtude não é só, nem principalmente, fruto da sua força de vontade, que é frágil. É preciso lutar, sem dúvida, é preciso fazer sinceramente o possível para vencer as tentações, mas sem esquecer nunca que, na luta cristã, a principal força é a da graça de Deus, que alcançamos comungando e confessando-nos com frequência, fazendo oração, recorrendo a Nossa Senhora, pedindo a ajuda de Deus com perseverança".

A alma humilde é incansável. Nunca entrega os pontos. Nunca desanima. Nunca desiste, por mais que falhe. Veja o exemplo de um santo. São Josemaria Escrivá, na véspera do seu jubileu de ouro sacerdotal, poucos meses antes de morrer, olhando para Jesus no sacrário, via-se como "uma criança que balbucia: estou começando, recomeçando, como em cada jornada. E assim até o fim dos dias que me restem: sempre recomeçando. O Senhor assim o quer, para que em nenhum de nós haja motivos de soberba nem de néscia vaidade"[11]. Com humildade, comentava que diariamente tinha de viver a "vocação de filho pródigo", que cai e se levanta uma vez e outra para voltar aos braços do Pai.

11 *Em diálogo com o Senhor*, Quadrante, São Paulo, 2020, pp. 261-262.

UM CÂNTICO À LEI DE DEUS

Façamos um pouco de exame:

- Deixo-me dominar pela vaidade de pensar que estou bem com Deus e não preciso de mais nada? Fico satisfeito pensando como o fariseu: *não mato, não roubo, não cometo adultério?* Sou tão cego que não vejo minhas falhas nas principais virtudes, como a caridade, a misericórdia, a castidade, a fortaleza, a temperança?

- Nutro algum tipo de desprezo pelos outros? Sou negativo ao julgá-los? Comento coisas da vida deles criticando-os ou ridicularizando-os?

- Sou suscetível? Fico magoado por qualquer coisa — real ou imaginária — que me pareça uma indelicadeza ou uma injustiça? Guardo ressentimentos? Esqueço que fazem parte do primeiro mandamento estas palavras de Jesus: *Sede misericordiosos como o vosso Pai é misericordioso?*

- Sinto-me humilhado quando os outros são mais louvados ou apreciados do que eu? Falo demais sobre mim e sobre as minhas coisas? Gosto de ser o centro das atenções e das conversas? Não percebo que, sem reparar, coloco-me num lugar que pertence a Deus e ao próximo por Deus?

13.

CORRER NA ESTRADA DA LEI DE DEUS

Correrei pelo caminho dos vossos mandamentos,
quando dilatardes o meu coração (v. 32).

Eu vi limites em tudo o que é perfeito,
mas teu mandamento não tem confins (v. 96).

É notável a insistência com que o nosso Salmo 119 se refere ao *caminho dos mandamentos*, para que percebamos que os mandamentos de Deus não são estáticos, mas indicam uma senda dinâmica que nos pede avanço constante, até a morte.

Já nos primeiros capítulos deste livro víamos que os mandamentos de Deus abrem, marcam e balizam uma estrada que nos vai conduzindo rumo ao amor de Deus, ao amor sem fim.

UM CÂNTICO À LEI DE DEUS

Quando Jesus nos diz: *Deveis ser perfeitos como o vosso Pai celeste é perfeito* (Mt 5, 48), percebemos que essa frase combina perfeitamente com o nosso Salmo: *teu mandamento não tem confins*.

Todos os santos compreenderam que um filho de Deus nunca se pode instalar, parado, num nível qualquer, alto ou baixo. Nunca pode dizer: "Basta, é só até aqui que quero chegar". "Só até aqui?", poderia interpelá-lo Jesus, Ele que é o exemplo vivo do *caminho da nova lei*, Ele que nunca parou, Ele que se deu por nós até o último suspiro (cf. Jo 19, 34). Basta ler as palavras com que São João abre o relato da Última Ceia e da Paixão: *Jesus, tendo amado os seus que estavam no mundo, amou-os até o fim* (Jo 13, 1).

É estimulante ouvir São Paulo fazendo uma confidência aos filipenses sobre a sua vocação. Conta-lhes a alegria que sente por ter sido *alcançado por Cristo Jesus*. Diz-lhes que tudo o que, antes disso, era importante para ele, agora o vê como lixo, um nada que *valha a pena trocar pela excelência do conhecimento de Cristo Jesus, meu Senhor*.

Paulo, que se tinha entregado de corpo e alma a seguir Cristo, faz questão de frisar: *Não que eu já o tenha alcançado ou que já seja perfeito, mas vou prosseguindo para ver se o alcanço, pois que também eu já fui alcançado por Cristo Jesus. Irmãos — insiste —, eu não julgo que eu mesmo o tenha alcançado, mas uma coisa faço: esquecendo-me do que fica para trás e atirando-me para o que está adiante, prossigo para o alvo, para o prêmio da vocação do alto, que vem de Deus em Cristo Jesus* (Fl 3, 12-14). Exorta, então, seus discípulos a terem esses mesmos sentimentos. É um programa para todos nós.

O Salmo fala-nos de *correr* por esse caminho, pedindo a Deus que *dilate* o nosso coração. Isto deveríamos desejar: ter um coração grande e acelerar sempre a nossa marcha. Não é cristão passar a vida capengando, a passos de tartaruga, sem sairmos do mesmo lugar. É certo que todos nós iremos "capengar" até a morte, pois ninguém nesta terra pode avançar sem tropeções nem quedas, pois somos frágeis. Por nós mesmos, não temos capacidade de

CORRER NA ESTRADA DA LEI DE DEUS

galgar sem percalços as encostas da santidade e do apostolado. Mas Deus pode *dilatar* o nosso coração com a graça do Espírito Santo. Se formos humildes e generosos, se pedirmos perdão, Ele nos estenderá a mão e nos elevará a níveis mais altos do que aqueles em que estávamos quando caímos.

Creio que há — entre outras — duas maneiras de tirar um fruto prático desta meditação e, assim, aprender a "correr" mais.

A primeira consiste na decisão de não tolerar que a nossa vida encalhe na tibieza, aquela doença mortal de que Jesus fala no Apocalipse: *Devo reprovar-te por teres abandonado teu primeiro amor... Conheço a tua conduta: não és frio nem quente. Oxalá fosses frio ou quente! Assim, porque és morno, nem frio nem quente, estou para te vomitar da minha boca* (Ap 2, 4; 3, 15-18).

São Josemaria fez um bom diagnóstico da tibieza: "És tíbio se fazes preguiçosamente e de má vontade as coisas que se referem ao Senhor; se procuras com cálculo ou "manha" o modo de diminuir os teus deveres; se só pensas em ti e na tua comodidade; se as tuas conversas são ociosas e vãs; se não aborreces o pecado venial; se ages por motivos humanos"[12].

A segunda maneira de "acelerar" é fazer seriamente, todos os dias, o exame de consciência. Garanto-lhe que é um meio muito eficaz para vencer a acomodação preguiçosa.

O bom exame de consciência, diário (e não o exame preparatório da confissão), requer, em primeiro lugar, lucidez. Não é bom fazê-lo muito tarde, quando a cabeça já está cansada, e menos ainda quando já deitamos na cama e o sono nos pega facilmente. Pode até ser feito de manhã, após algumas breves orações matutinas, olhando para o dia que já passou.

Seja qual for o melhor horário, pense que é um erro fazer do exame diário uma espécie de lanterna de policial, que quer descobrir "até os mínimos detalhes" cada *falha* do dia. Sobre as falhas, basta-nos uma olhada rápida: logo lembramos as que

---

12 *Caminho*, n. 331.

UM CÂNTICO À LEI DE DEUS

mais nos pesam. Pedimos, então, perdão a Deus e pensamos no modo de retificar. Mas devemos deter-nos um pouco mais (bastam três ou quatro minutos) nas coisas boas, nas lutas positivas que decidimos empreender, ou que nos foram aconselhadas na direção espiritual[13].

Deter-nos nas coisas boas significa ter, para cada dia, para cada semana, para cada temporada, metas positivas de virtudes nas quais, pedindo ajuda a Deus, queremos empenhar-nos, bem como fazer com constância exames sobre elas, renovando a resolução de lutar com sinceridade e propondo-nos coisas concretas. Por exemplo: "Amanhã estarei atento para dizer palavras positivas em casa, pois todos andamos um pouco pessimistas"; "Amanhã vou prestar mais atenção a tais ou quais palavras das Ave-Marias do Terço"; "Amanhã não vou me atrasar nesta ou naquela tarefa"; "Não vou me distrair com o celular sem necessidade, perdendo o tempo à toa"; "Amanhã vou ter aquela conversa para ajudar tal amigo, um filho" etc.

Esses pequenos propósitos planejados para cada dia são como uma escada — a "escada do amor", diria São Josemaria[14] — que nos permite subir, degrau a degrau — mesmo tropeçando —, até a intimidade com Deus e o amadurecimento das virtudes. Se tivermos humildade, aprenderemos a tirar "das quedas, impulso; da morte, vida"[15]. A nossa fraqueza não nos abalará, mas nos impulsionará a apoiar-nos mais em Deus, a recomeçar e a manter as metas altas. Que não se possa dizer, como dizia uma legenda gravada em armas medievais: "Não confies em mim, se te falta coração!".

Creio que o que estamos dizendo pode-se resumir neste pensamento de São Josemaria: "O cristão não é nenhum colecionador maníaco de uma folha de serviços imaculada. Jesus Cristo Nosso Senhor não só se comove com a inocência e a fidelidade de João,

---

13 Cf. *Para estar com Deus*, Cultor de livros, 2012, pp. 64-67.
14 Francisco Faus, *São Josemaria Escrivá no Brasil*, 3ª edição, Quadrante, 2017, p. 114.
15 *Caminho*, n. 211.

CORRER NA ESTRADA DA LEI DE DEUS

como se enternece com o arrependimento de Pedro depois da queda. Jesus compreende a nossa debilidade e atrai-nos a Si como que por um plano inclinado, desejando que saibamos insistir no esforço de subir um pouco, dia após dia"[16].

Vejamos algumas perguntas para o exame de consciência:

- Tenho um plano de vida espiritual em que prevejo, com horários bem definidos, os momentos de oração, as Missas, as leituras da Bíblia e de obras formativas?

- Dentro desse plano, reservo minutos diários ao exame de consciência, na certeza de que é um meio importante para não esmorecer e evitar a tibieza?

- Compreendo que ter uma direção espiritual — melhor se estiver unida à confissão frequente — é um meio importante para não cair na tibieza, no formalismo rotineiro que vai apagando o calor da alma?

---

16 *É Cristo que passa*, n. 75.

14.

OS CORAÇÕES SIMPLES ENTENDEM

A revelação das tuas palavras ilumina,
dá sabedoria aos simples (v. 130).

Entendo mais que os anciãos,
porque observo teus preceitos (v. 100).

Dá-me inteligência para que observe tua lei
e a guarde de todo coração (v. 34).

Os que conhecem bem o Evangelho logo percebem que nesses versículos do Salmo revela-se uma verdade que Jesus fez questão de destacar: os corações que são simples e dóceis ao preceitos de Deus ganham uma luz divina que os torna mais "sábios" que muitos "mestres" e "anciãos" complicados e orgulhosos.

OS CORAÇÕES SIMPLES ENTENDEM

São Lucas relata um momento em que Jesus *exultou de alegria sob a ação do Espírito Santo* e disse: *Eu te louvo, ó Pai, Senhor do céu e da terra, porque ocultaste essas coisas aos sábios e entendidos, e as revelaste aos pequeninos. Sim, ó Pai, porque assim foi do teu agrado* (Lc 10, 21).

Os mandamentos de Deus, bem como todas as verdades divinas — verdades da fé e da moral —, não se podem compreender apenas com a inteligência, por mais viva que seja. Só os alcança o que Dante, no *Canzionere*, chamava *"amor che nella mente mi raggiona"*, o amor de Deus que faz raciocinar a nossa mente. Em suma, só se entende a verdade que vem de Deus quando o Espírito Santo age em nós e, por assim dizer, nos sintoniza com Ele.

"Há um saber — dizia São Josemaria — ao qual só se chega com santidade: e há almas obscuras, ignoradas, profundamente humildes, sacrificadas, santas, com um sentido sobrenatural maravilhoso... Um sentido sobrenatural que não raramente falta nas disquisições arrogantes dos pretensos sábios: *Disparataram nos seus pensamentos, e o seu coração insensato ficou cheio de trevas; e enquanto se jactavam de ser sábios, tornaram-se tolos* (Rm 1, 21-22)"[17].

São Paulo, como já recordamos, fala dessa realidade com uma clareza meridiana: *O homem meramente natural* [ou seja, o que conta só com os recursos da sua natureza] *não aceita o que vem do Espírito de Deus. É loucura para ele; não pode compreender, pois isso deve ser julgado espiritualmente. O homem espiritual* [aquele que vive sob o influxo do Espírito Santo], *ao contrário, julga a respeito de tudo* (1 Cor 2, 14-15).

O *homem espiritual*, com efeito, é aquela pessoa que, no Batismo, recebeu o Espírito Santo e que, enquanto permanecer na graça de Deus ou a recuperar pela Penitência, ficará sendo templo vivo do Espírito Santo (1 Cor 3, 16). "Vivo" quer dizer ativo, ou seja, é uma alma em que o Espírito de Deus age, ilumina, inspira, fortalece, impele a crescer sempre; e o faz *fortiter et suaviter*, forte e suavemente (cf. Sb 8, 1), com a força e a suavidade do amor de Deus, que nada quer impor coercitivamente à nossa liberdade.

17 *Em diálogo com o Senhor*, p. 211.

UM CÂNTICO À LEI DE DEUS

O *homem espiritual* é a pessoa que, como dizíamos, possui a graça do Espírito Santo, a graça santificante. A fé nos ensina que, com ela, sempre vêm à nossa alma as virtudes sobrenaturais — que são infundidas gratuitamente, mas que, como sementes, devem ser cultivadas por nós — e também os dons do Espírito Santo, que nos tornam dóceis às suas divinas inspirações[18].

Como recordam os versículos que iniciam este capítulo, o Salmo 119 expõe que o desejo de cumprir os preceitos do Senhor alcança-nos dEle *sabedoria, inteligência, entendimento*. É uma sabedoria que — insisto — o santo mais simples possui de modo mais profundo e elevado que o teólogo de grande renome, caso este não seja santo ou, pelo menos, profundamente piedoso. Ciência de Deus sem oração, como já se disse, é espinha sem peixe.

Muitos esquecem, infelizmente, o que Jesus disse na Última Ceia, quando prometeu enviar o Espírito Santo como fruto da redenção consumada na Cruz: *Tenho ainda muito a vos dizer, mas não o podeis agora compreender. Quando vier o Espírito da verdade, ele vos conduzirá à verdade completa* (Jo 16, 12-13).

Não podemos, portanto, compreender os mandamentos e conselhos divinos se os abordamos como se estuda, na engenharia, a resistência dos materiais, ou como um médico examina a função renal. Nós só entendemos Deus com a luz do Espírito Santo, vivendo no âmbito de Deus, no clima da oração, no ambiente espiritual de amor e intimidade próprios dos *filhos de Deus* (Rm 8, 14).

O dom do *entendimento* faz acender-se a luz de Deus dentro de cada uma das verdades cristãs. O *Creio em Deus Pai* não é, então, uma repetição de fórmulas, mas o palpitar de um coração deslumbrado.

O dom da *sabedoria* é o principal dos dons do Espírito Santo. Dá-nos, como explicava São João Paulo II em uma das suas catequeses, um conhecimento das coisas de Deus impregnado de

---

18 Cf. *Catecismo da Igreja Católica*, nn. 1830-1831.

OS CORAÇÕES SIMPLES ENTENDEM

amor, graças ao qual a alma ganha familiaridade cordial com as realidades divinas e chega a ter delas um conhecimento amoroso, delicioso e feliz. Cumula de luz e calor a inteligência e o coração e nos faz entrar numa gozosa "afinidade" com Deus[19]. Deveríamos pedi-lo humildemente a Deus, muitas vezes.

Encerremos, repetindo outra vez: *Dá-me inteligência para que observe tua lei e a guarde de todo o coração.* E façamos um breve exame:

- Procuro conhecer e meditar as Palavras de Deus com coração sincero, sem cair em preconceitos e chavões antes de ter me aprofundado nelas?

- Livro-me da tendência que todos temos a não reconhecer os nossos erros morais e a "fabricar" teorias doutrinais para justificá-los?

- Tenho consciência de que os Dez Mandamentos, ilustrados e enriquecidos pelos os ensinamentos de Cristo, são o verdadeiro caminho do amor pelo qual o ser humano e a sociedade se realizam?

19 Cf. *Os dons do Espírito Santo*, Cultor de Livros, 2017, p. 18.

15.

ME ARMARAM LAÇOS, MAS NÃO ME DESVIEI

Os soberbos me dirigem os piores insultos,
mas não me desvio da tua lei (v. 51).

Os ímpios me armaram laços,
mas não me desviei dos teus preceitos (v. 110).

Por pouco não me expulsaram deste mundo,
mas não abandonei os teus preceitos (v. 87).

N a Última Ceia, Jesus prometeu aos que seguissem os seus mandamentos uma alegria imortal (cf. Jo 15, 10; 16, 22). Ao mesmo tempo, disse-lhes com absoluta clareza: *Se o mundo vos odeia, sabei que, primeiro, me odiou a mim... Não é o servo maior que o seu senhor. Se eles me perseguiram, também vos perseguirão a vós* (Jo 15, 18-20).

A história do cristianismo começou com muitas alegrias e muitas perseguições. Mal os Apóstolos de Cristo iniciaram a sua missão evangelizadora, irromperam as primeiras perseguições, inicialmente por parte das autoridades judaicas e, depois, do Império Romano. É comovente o que escreveu São Pedro pouco antes de ser crucificado durante a perseguição de Nero: *Caríssimos, não estranheis o fogo da provação que lavra entre vós, como se alguma coisa de estranho vos estivesse acontecendo. Pelo contrário, alegrai-vos por participar dos sofrimentos de Cristo, para que possais exultar de alegria quando se manifestar a sua glória. Se sofreis injúrias por causa do nome de Cristo, sois felizes* (1 Pe 4, 12-14).

No "mundo" do amor de Cristo, perseguição e alegria sempre andaram de mãos dadas. Nunca faltou nem faltará a incompreensão, a antipatia, a perseguição; e nunca faltará o fruto do Espírito Santo chamado alegria (cf. Gl 5, 22).

No mundo de hoje, está havendo incessantemente três tipos de perseguição.

O primeiro é o procedente dos detentores do poder e/ou das armas. Houve a perseguição nazista; depois veio, e continua a existir em vários países, a perseguição comunista; então, mais recentemente, espalhou-se por quase todos os continentes a perseguição da *sharia* islâmica. Como fizeram notar São João Paulo II, Bento XVI e Francisco, houve mais mártires cristãos nestes últimos cem anos do que ao longo dos três séculos da perseguição do Império Romano, na chamada "era dos mártires".

O segundo tipo de perseguição é a crescente onda de materialismo hedonista que opera sobretudo nos países do primeiro mundo, abertamente hostil e militante contra os valores básicos cristãos e, de modo especial, contra a Igreja Católica.

Trata-se de um combate mundial organizado, fartamente financiado e apoiado por legislações, poderes públicos e ONGs; um combate que avança com intolerância crescente, ferozmente promovida por grupos ideológicos que hoje em dia detêm um

UM CÂNTICO À LEI DE DEUS

verdadeiro poder ditatorial. Têm a própria "inquisição" legislativa e midiática, perante a qual a Inquisição medieval fica sendo mera sombra.

Como escrevia André Frossard, marxista convertido ao catolicismo e filho do primeiro secretário geral do Partido Comunista Francês, os valores expressos pela lei divina estão sendo trocados "pela moeda falsa das ideologias mentirosas, que se elevam como castelos de fumaça sobre as ruínas do pensamento cristão"[20].

A liberdade de opinião, de pensar e de falar sem medo sobre os inúmeros temas opináveis, está ficando cada vez mais reduzida, abafada pela intolerância dos grupos que se autodenominam "libertários". Como dizia Bento XVI, "existem ambientes — e não são poucos — nos quais se precisa de muita coragem para declarar-se cristãos... Cresce o perigo de uma ditadura da opinião; quem não a acatar é isolado e marginalizado, de forma que há boa gente que não ousa mais manifestar-se"[21].

Finalmente, o terceiro tipo de perseguição é constituído pelos cristãos mornos, intimidados pelas pressões midiáticas e escolares — mesmo em escolas e faculdades confessionais cristãs —, que acabam absorvendo, sem a defesa dos anticorpos de uma boa doutrina, essas ideologias antinaturais e anticristãs como se fizessem parte de uma evolução inevitável das ideias e dos costumes da sociedade. Bebem o veneno como se toma um refrigerante e acham absurdos os que não se inclinam e se rendem, como eles, à "evolução" geral das ideias.

O poeta inglês T. S. Eliot refere-se a esses como "fugitivos" da fé e da moral cristã, que atraiçoam seu compromisso formal com a verdade; diz que eles acabam vendo como "traidores" justamente aqueles que são justos, que não se deixam arrastar por essa enxurrada.

---

20 *Há um outro mundo*, Quadrante, 2003, p. 66.
21 *O sal da terra*, p. 176.

Os versículos do Salmo 119 que encabeçam este capítulo falam daqueles que, apesar dos "insultos", dos "laços" e das ameaças de "expulsão", têm a fidelidade corajosa de não se "desviar", de não "abandonar" a lei de Deus e os seus preceitos. É exatamente isso o que Deus nos pede.

E não apenas "não abandonar", mas adotar a posição firme e serena de cultivar, aprofundar e difundir entre muitos a verdade que nos foi dada por Deus por meio dos Mandamentos e do Evangelho de Jesus Cristo.

Mais do que nunca, neste mundo neopagão, Cristo conta conosco para sermos — cheios de esperança e alegria — *sal da terra, luz do mundo* e *fermento* que faz crescer a massa.

Desta vez são dois, apenas, os pontos para o exame de consciência:

- Tenho a coragem de ser fiel a todas as verdades da minha fé e da moral cristã? E, ao mesmo tempo, procuro me manter sereno e compreensivo com todos os que as agridem, ainda que — por causa da minha fidelidade — eu fique prejudicado na minha profissão ou até possa sofrer uma perseguição pública?

- Compartilho os sentimentos de Jesus, que, ao ver uma grande multidão que esperava ouvir sua palavra, *encheu-se de compaixão por eles, porque eram como ovelhas que não têm pastor; e começou então a ensinar-lhes muitas coisas* (Mc 6, 14)? Que faço para levar aos outros a beleza e a grandeza da autêntica doutrina cristã?

16.

QUEM AMA A TUA LEI TEM MUITA PAZ

Nos teus estatutos me deleito,
não esquecerei a tua palavra (v. 16).

Quem ama a tua lei tem muita paz,
no seu caminho não há tropeço (v. 165).

Dirige-me na senda dos teus mandamentos,
porque nela está a minha alegria (v. 35).

Na lei de Deus e no caminho que ela nos indica, o salmista vê uma fonte de alegria, uma alegria que não somente o deleita, mas o enche de muita paz.

Nisso ele expressa uma das mais profundas aspirações de todo ser humano: encontrar a alegria e, de modo especial, a paz interior, que é o seu núcleo mais essencial.

QUEM AMA A TUA LEI TEM MUITA PAZ

O segredo para encontrar a paz e a alegria, diz-nos o Salmo, está em caminhar na *senda dos teus mandamentos*.

De acordo com o que já meditamos amplamente nos capítulos anteriores, é bom recordar de novo que a Bíblia vê os mandamentos, tanto da Antiga como da Nova Aliança, como expressão da vontade de Deus. Sabemos que aquilo que Deus quer para nós é o nosso bem. Deus nos "quer bem" como nenhum ser humano é capaz de querer. Já citamos as inesquecíveis palavras de São João Paulo II: "Deus conhece perfeitamente o que é bom para o homem e, devido ao seu mesmo amor, o propõe nos mandamentos".

É muito significativo que a mensagem dos anjos que anunciaram o nascimento de Jesus, nosso Salvador, falasse assim da paz messiânica que naquela noite entrava no mundo: *Glória a Deus nas alturas, e paz na terra aos homens que ele ama* (Lc 2, 14). Esta última frase também se pode traduzir corretamente por *paz na terra aos homens que são do seu agrado*, ou *aos homens de boa vontade*, ou seja, aos que fazem o que agrada a Deus.

O próprio Jesus nos deu o exemplo da união da sua vontade humana com a vontade de Deus Pai, quando dizia, por exemplo: *Meu alimento é fazer a vontade daquele que me enviou* (Jo 4, 34); e: *Eu sempre faço o que é de seu agrado* (Jo 8, 29). Mas isso manifestou-se sobretudo na oração no Horto de Getsêmani, quando Jesus enfrentou a Paixão repetindo um ato de entrega plena à vontade do Pai: *Não se faça a minha vontade, mas a tua* (Lc 22, 42). Como fruto dessa oração, levantou-se serenamente e, com uma imensa paz, enfrentou os que iam prendê-lo.

A paz interior é como uma pedra preciosa com várias facetas.

Uma delas é a harmonia, que consiste em ter um coração que não está dividido: não tem aspirações terrenas separadas das espirituais ou contrapostas entre si. São Josemaria referia-se a essa divisão quando dizia: "Não pode haver uma vida dupla, não podemos ser como esquizofrênicos, se queremos ser cristãos. Há uma única vida, feita de carne e espírito, e essa é que tem de ser — na alma e no corpo — santa e plena de Deus, desse

UM CÂNTICO À LEI DE DEUS

Deus invisível, que nós encontraremos nas coisas mais visíveis e materiais"[22]. A lei de Deus não pode ser cindida em duas: uma "lei" materialista para a vida diária e outra "lei" devota para as Missas, as rezas e as novenas. Seria hipocrisia.

Só conseguimos harmonia com a vontade de Deus fazendo, por amor a Deus, as coisas certas — pela senda dos teus mandamentos — e pedindo, por amor a Deus, perdão pelas erradas.

Outra faceta é a luta. O esforço por superar, com a graça de Deus, tudo o que se oponha à harmonia da nossa vontade com a vontade divina. A união com Deus surge como fruto da plena sintonia entre a ação do Espírito Santo, com sua graça e seus dons, e a nossa boa vontade, essa vontade sincera e firme de lutar contra os tentáculos do egoísmo, que são os sete pecados capitais: soberba, avareza, luxúria, ira, gula, inveja e preguiça.

"Cristo é a nossa paz — diz São Josemaria — porque venceu; e venceu porque lutou, no duro combate contra a maldade, acumulada nos corações humanos [até a morte na Cruz]... Se queremos a paz, teremos que seguir os seus passos. A paz é a consequência da guerra, da luta, dessa luta espiritual, íntima, que cada cristão deve sustentar contra tudo o que em sua vida não for de Deus: contra a soberba, a sensualidade, o egoísmo, a superficialidade, a estreiteza de coração. É inútil clamar por sossego exterior se falta tranquilidade nas consciências, no fundo da alma"[23].

Outra faceta: amor à Cruz. Só aquele que abraça a vontade de Deus e descansa nela, mesmo quando essa vontade tem forma de cruz, é que pode viver sereno e tranquilo, aconteça o que acontecer em sua vida. Terá paz e, com ela, equanimidade, ou seja, igualdade de ânimo, sem cair na angústia, no medo, no descontrole, na rebeldia, quando a cruz pesar um pouco mais. Então compreenderá, por experiência pessoal, o que Jesus prometia sobre a paz da alma: *Vinde a mim todos os que estais cansados*

22 Homilia *Amar o mundo apaixonadamente*.
23 *É Cristo que passa*, n. 73.

sob o peso do vosso fardo, e eu vos aliviarei. Tomai sobre vós o meu jugo e aprendei de mim, porque sou manso e humilde de coração, e encontrareis repouso para as vossas almas, pois o meu jugo é suave e o meu fardo é leve (Mt 11, 28-30).

Tomara que, em todos os momentos da vida, possamos rezar assim: "Jesus, o que Tu "quiseres"..., eu o amo"[24].

Resumamos a meditação com algumas perguntas de exame:

- Confundo a paz interior com a tranquilidade de não ter problemas, ou compreendo que ela depende substancialmente da minha união com a vontade de Deus?

- Sou generoso em minha luta espiritual, sabendo que não posso reduzi-la ao mínimo esforço por não cair no pecado, mas devo elevá-la à aspiração da santidade?

- Tenho, como se diz popularmente, "uma vela acesa a Deus e outra ao diabo"? Faço "média", tentando equilibrar o egoísmo e o amor — dois incompatíveis?

24 *Caminho*, n. 773.

17.

ESTOU PROSTRADO, DÁ-ME VIDA

Estou prostrado no chão,
dá-me vida conforme a tua palavra (v. 25).

Examinei meus caminhos,
voltei meus passos para os teus testemunhos (v. 59).

Venha a mim a tua misericórdia para eu reviver,
e minhas delícias serão tua lei (v. 77).

Ao compor este Salmo, o piedoso autor evocava vicissitudes de sua vida. Nela, como em todas, houve alegrias e tristezas, subidas e descidas, elevações e quedas. Recordava, então, os momentos em que caíra — *estou prostrado no chão* —, fazia um exame da vida — *examinei meus caminhos* — com a vontade de mudar, queria *reviver*, e pedia para isso a ajuda da *misericórdia* do Senhor.

ESTOU PROSTRADO, DÁ-ME VIDA

Qualquer um de nós, se fizesse uma retrospectiva, veria em sua vida esse jogo contínuo de luzes e sombras. Não penso agora nas alegrias do sucesso que às vezes experimentamos, nem nas prostrações do desânimo causadas por fatores alheios à nossa vontade. Quando o Salmo diz *examinei meus caminhos*, está falando dos caminhos da nossa liberdade: dos *"meus" caminhos*, dos que dependem do meu coração.

Convém fazermos esse exame com frequência, até mesmo diariamente, praticando alguns minutos de exame de consciência (da nossa consciência diante de Deus).

Ao percebermos as nossas falhas, sejamos sinceros, fujamos de encobri-las com desculpas ou de minimizar-lhes a importância. Não se trata de cair na minúcia doentia dos escrúpulos, mas de ser franco e de repelir a menor mentira, a menor vontade de enganar a nós mesmos.

Jesus disse: *A verdade vos libertará* (Jo 8, 32). É muito sadia essa sinceridade de nossa consciência diante de Deus. É ainda mais sadio, depois disso, olhar para Deus com coração contrito e confiante de filhos e dizer-lhe, como o filho pródigo: *Pai, pequei!* (Lc 15, 21). O abraço do pai, na parábola do filho pródigo, talvez seja a passagem do Evangelho que toca mais profundamente o coração humano. É difícil não derramar uma lágrima ao ler esse trecho. O pai não só perdoa as faltas graves do filho, como o *cobre de beijos* e manda organizar para ele a maior festa: *Ide depressa trazer a melhor túnica e revesti-o com ela, ponde-lhe um anel no dedo e sandálias nos pés; trazei o novilho cevado e preparai-o: comamos e festejamos, porque este meu filho estava morto e tornou a viver; estava perdido e foi reencontrado* (Lc 15, 22-24).

Ao ver o amor do pai, o arrependimento do filho pródigo ficou transido de amor, de dor de amor e de gratidão. Já foi dito que o pai dessa parábola representa Jesus. O *Catecismo da Igreja* comenta: "O coração humano converte-se olhando para aquele que foi trespassado pelos nossos pecados", isto é, para Jesus, crucificado por nós (n. 1432).

69

UM CÂNTICO À LEI DE DEUS

Essa dor amorosa é o arrependimento cristão e constitui um grande impulso para sair da prostração e entrar em cheio na decisão de reparar, de amar, de lutar, de não desistir jamais do caminho do seguimento de Cristo.

Diz o carmelita Gabriel de Santa Maria Madalena: "Feliz a alma que sabe reconhecer e chorar todas as suas misérias! Não com lágrimas de abatimento ou de perturbação, mas com lágrimas de contrição profunda que, em vez de encolhê-la no temor, a dilatam no amor penitente e a lançam nos braços de Deus com o coração rejuvenescido no amor e na dor"[25].

Também o *Catecismo da Igreja* mostra os frutos do verdadeiro arrependimento: "É uma reorientação radical de toda a vida, um retorno, uma conversão para Deus de todo o nosso coração, uma ruptura com o pecado, uma aversão ao mal e repugnância às más obras que cometemos. Ao mesmo tempo, é o desejo e a resolução de mudar de vida, com a esperança da misericórdia divina e a confiança na ajuda de sua graça" (n. 1431).

É muito bonita, a propósito do arrependimento, a lenda medieval do cavaleiro que, sem suportar mais o peso das suas blasfêmias e crimes, foi procurar um sacerdote eremita para se confessar. Recebeu, como penitência, a tarefa de encher de água um vaso, um pequeno recipiente. Durante semanas e meses, tentou cumprir esse gesto aparentemente tão simples, sem nada conseguir: mergulhava o vaso em todos os rios e córregos, achegava-o a todas as fontes, mas o balde ficava vazio. Até que um dia sentou-se, voltou a pensar em sua má vida e em Deus, em sua miséria e no amor de Nosso Senhor. Caiu-lhe então no vaso uma lágrima de verdadeira contrição e o recipiente ficou imediatamente cheio, até transbordar. Tinha cumprido a sua penitência[26].

---

25 *Intimidade divina*, Ed. Monte Carmelo, n. 310.

26 Cf. *Lágrimas de Cristo, lágrimas dos homens*, Quadrante, 1993, p. 65.

ESTOU PROSTRADO, DÁ-ME VIDA

Não queria terminar esta meditação sem chamar a atenção para a terceira citação que inicia este capítulo: *Venha a mim a tua misericórdia para eu reviver, e minhas delícias serão tua lei.* A alma perdoada "revive", e a sua alegria — mais ainda, as suas "delícias" — consiste na lei do Senhor. Só uma experiência espiritual íntima é capaz ver as coisas assim. Mais uma vez, o autor inspirado frisa que a lei de Deus não é um fardo, mas a liberdade no amor.

Façamos agora mais um pequeno exame:

- As minhas faltas e pecados me irritam, me humilham ou me doem por amor a Deus e àqueles que tratei de maneira injusta?

- Sou sincero ao fazer o exame de consciência dos meus defeitos? Sei dar o devido nome às coisas? Procuro não me enganar, maquiando os meus pecados com desculpas? Sou simples e sincero na confissão?

- Compreendo que a penitência pelos pecados significa, além da dor de amor, desejo de retificar, decisão de reorientar a vida com metas e propósitos muito concretos de melhora nas virtudes — para hoje, não para amanhã?

18.

MEUS OLHOS DERRAMAM RIOS DE LÁGRIMAS

Meus olhos derramam rios de lágrimas,
por causa dos que não guardam a tua lei (v. 136).

Vi os rebeldes e senti desgosto,
porque não guardam a tua promessa (v. 158).

Abro a boca suspirando,
porque desejo teus mandamentos (v. 131).

No capítulo anterior, meditamos sobre as lágrimas do coração arrependido. Iniciamos este capítulo focalizando outras lágrimas: os *rios de lágrimas* que derramam os olhos do salmista, causadas pela dor de ver que muitos *não guardam a tua lei*, desconfiam das *promessas* do Senhor e não hesitam em ofendê-lo gravemente, tomando um caminho inverso ao dos mandamentos. Por isso,

MEUS OLHOS DERRAMAM RIOS DE LÁGRIMAS

escapam-lhe *suspiros* de tristeza, e arde ele em desejos de amar cumprindo os mandamentos.

Uma das atitudes mais puras e nobres das almas de fé é a dor que sentem ao verem Deus esquecido, desprezado e ofendido. Isso desperta nelas o desejo de desagravar, de *reparar*: um nobre sentimento espiritual análogo ao que teríamos todos nós se víssemos nossa mãe humilhada e maltratada injustamente. Sem dúvida, procuraríamos consolá-la e multiplicar as nossas demonstrações de carinho para com ela.

Por que não fazemos isso com Deus, com Jesus? Nunca experimentamos dor de amor ao meditar na Paixão de Cristo, ao vê-lo pendurado na Cruz por três pregos, com o corpo em chaga aberta por tantos maus tratos? Não pensamos que também nós temos a ver com esse sofrimento, pois Jesus padeceu e morreu para expiar todos os pecados, também os meus e os seus?

Os santos, por amor a Nosso Senhor, tinham desejos de acompanhá-lo na sua Paixão e de lhe oferecer, em reparação pelo que os pecados cometeram, mais fidelidade aos seus mandamentos, mais generosidade na oração e na penitência.

Na década de 1970, muitos acompanhamos a dor de São Josemaria perante a profunda crise que se instalara no mundo, e até na Igreja. Tergiversava-se tudo, questionavam-se todas as verdades da fé e da moral e provocava-se uma triste enxurrada de deserções de homens e mulheres que se tinham dado a Deus no sacerdócio e na vida religiosa. São Josemaria chorava — há testemunhas de que às vezes, celebrando a Missa, escapavam-lhe lágrimas de dor e de desejos de desagravar por tanta infidelidade — e fazia o possível para reparar, para "pôr amor lá onde se produziu um vazio". E animava muitos outros a fazerem o mesmo.

Hoje, *os que não guardam a tua lei* se multiplicaram e espezinham com ares de autoridade e abertamente os valores mais sagrados da fé e da moral. Por isso, nos fará bem ouvir o que o santo ensinava naqueles anos duros que mencionei.

UM CÂNTICO À LEI DE DEUS

"Filhos — dizia-nos São Josemaria em 1972 —, vocês têm um coração grande e jovem, um coração ardente: não sentem a necessidade de desagravar? Levem a alma por esse caminho: o caminho do louvor a Deus, vendo cada um o modo de ser firmemente tenaz; e o caminho do desagravo, do amor posto lá onde se produziu um vazio, pela falta de fidelidade de outros cristãos".

"O coração de cada um de vocês deve vibrar e, com essa sacudida do sangue, desagravar o Senhor como saberiam consolar sua mãe, uma pessoa a quem quisessem com ternura".

"Não se preocupem, aconteça o que acontecer no mundo, aconteça o que acontecer na Igreja. Mas permaneçam ocupados, sim, fazendo todo o bem que possam, defendendo a formosura e a realidade da nossa fé católica; sempre alegres!"[27].

As crianças, como dizia Jesus, por sua inocência muitas vezes captam a voz de Deus melhor do que os adultos que, com frequência, a sufocam no meio das preocupações e da frieza espiritual (cf. Lc 10, 21). É o que se observa, de um modo comovente, nos dois pastorzinhos de Fátima, Jacinta e Francisco, já canonizados pela Igreja.

Na homilia da Missa da beatificação dessas duas crianças, celebrada por São João Paulo II em Fátima, o Papa falava do menino Francisco: "Certa noite, seu pai ouviu-o soluçar e perguntou-lhe por que chorava; o filho respondeu: "Pensava em Jesus que está tão triste por causa dos pecados que se cometem contra Ele". Vive — prosseguia o Papa — movido pelo único desejo, tão expressivo do modo de pensar das crianças, de "consolar e dar alegria a Jesus". Na sua vida, dá-se uma transformação que poderíamos chamar radical; uma transformação certamente não comum em crianças da sua idade. Entrega-se a uma vida espiritual intensa, que se traduz em oração assídua e fervorosa, chegando a uma verdadeira forma de união mística com o Senhor. Isso mesmo levava-o a uma progressiva purificação do espírito, através da renúncia aos próprios gostos e até às brincadeiras inocentes de criança.

---

27 São Josemaria Escrivá, *Em diálogo com o Senhor*, Ed. Quadrante, 2020, pp. 191, 238, 243.

MEUS OLHOS DERRAMAM RIOS DE LÁGRIMAS

"Suportou os grandes sofrimentos da doença que o levou à morte sem nunca se lamentar. Tudo lhe parecia pouco para consolar Jesus; morreu com um sorriso nos lábios. Grande era, no pequeno Francisco, o desejo de reparar as ofensas dos pecadores, esforçando-se por ser bom e oferecendo sacrifícios e orações. E Jacinta, sua irmã, quase dois anos mais nova que ele, vivia animada pelos mesmos sentimentos... "Sofro quanto eles (Jesus e Maria) quiserem — dizia ela a Francisco no leito de morte — para converter os pecadores""[28].

E nós? Que fazemos ao verificar a *invasão* do pecado que inunda o mundo", como diz o *Catecismo da Igreja* (n. 401)? Ficar indiferentes denotaria falta de fé e de amor a Deus e aos homens. Lamentar-se e cair no pessimismo, como se nada houvesse a fazer, seria uma atitude estéril. A justa indignação pelos que semeiam o mal no mundo e arrastam para o mal crianças e adolescentes é uma reação justa se não cairmos no ódio e na falta de esperança, se antes decidirmos reparar e lutar pelo bem.

A reação certa é a dos pequenos pastorzinhos de Fátima: reparação generosa, com olhos e coração fixos em Jesus e na sua Cruz. "Permaneçam ocupados, fazendo todo o bem que possam" dizia, como víamos, São Josemaria, expressando assim um seu pensamento habitual: "Afogar o mal na abundância do bem".

De maneira especial, é preciso abraçar as cruzes que Deus nos pede ou permite que apareçam na vida, unindo-nos a Cristo no sacrifício expiatório da Cruz.

Neste mundo em que, ao lado de tantas bênçãos de Deus e tantas almas boas, se deixam sentir com força os ventos e tempestades do pecado, as almas generosas que sofrem com amor, unidas ao Senhor, são como que "outros Cristos", que contrabalançam com a sua cruz o peso dos crimes do mundo.

---

28 Homilia de São João Paulo II em Fátima, no dia 13 de maio de 2000.

UM CÂNTICO À LEI DE DEUS

Para finalizar, mais um pouco de exame:

- Doem-me as mentiras e pecados que desviam de Deus muitas almas já desde a infância? Limito-me a queixar-me disso?

- Compreendo que é hora de fazer o bem, de me exigir mais do que nunca no nível da minha vida cristã, de fazer o que puder para contrabalançar o mal que se espalha pelo mundo?

- Entendo que as orações, os sacrifícios e os sofrimentos, oferecidos a Deus com a intenção de reparar as ofensas que recebe, são um meio maravilhoso de me unir ao amor redentor de Cristo Jesus?

19.

MELHOR DO QUE OURO E PRATA

Eu me alegro em seguir teus testemunhos,
mais que em todas as riquezas (v. 14).

Por isso amo teus mandamentos
mais que o ouro, mais que o ouro fino (v. 127).

Para mim vale mais a lei da tua boca
que milhões em ouro e prata (v. 72).

O salmista contempla o panorama do mundo e percebe que a maioria das pessoas coloca toda a sua ambição, a sua esperança e o seu empenho em conquistar bens materiais: dinheiro, posição, influência, poder, prazer. Primeiro o dinheiro, porque, como muitos pensam, o dinheiro "compra" tudo.

UM CÂNTICO À LEI DE DEUS

Acham que a felicidade será obtida por acumulação de coisas perecíveis. Parecem-se com um enorme veículo carregado de todo tipo de desejos realizados, mas que não se dá conta de que o seu destino, em prazo bem breve, será um choque brutal contra o muro do tempo, que esparramará pelo chão toda a sua carga, reduzida a cacos. Falo, como é óbvio, do muro da morte.

O salmista, ilustrado pela sua fé e seu amor a Deus, percebe que as riquezas, o ouro fino e a prata não fazem, por si sós, "viver a vida", mas "viver a morte", uma vez que são efêmeros e têm, fatalmente, prazo de validade.

Ao mesmo tempo, vê, com grande lucidez, que a lei de Deus, os seus mandamentos, vale mais que todas as riquezas materiais imagináveis, pois é — como já o consideramos — um caminho progressivo de paz e de bem que não termina espatifando-se contra um muro, e sim entrando, pela porta luminosa da eternidade, no Amor de Deus.

São muitas as páginas do Evangelho que recolhem palavras de Jesus sobre essa verdade radical da vida: *Que adianta a alguém ganhar o mundo inteiro, se perde a sua alma?* (Mt 16, 26). Cristo quis deixar isso bem claro, ilustrando-o com parábolas como a seguinte:

A terra de um homem rico deu uma grande colheita. Ele pensava consigo mesmo: "Que farei? Não tenho onde guardar minha colheita". Então resolveu: "Já sei o que fazer! Derrubarei meus celeiros e construirei maiores; neles vou guardar todo o meu trigo, junto com os meus bens. Então poderei dizer a mim mesmo: "Meu caro, tens uma boa reserva para muitos anos. Descansa, come, bebe, goza a vida!"". Mas Deus lhe diz: "Tolo! Ainda nesta noite tua vida te será tirada. E para quem ficará o que acumulaste?".

A conclusão que Jesus tira a seguir é um chamado à nossa consciência, para que acordemos da insensatez: *Assim acontece com quem ajunta tesouros para si mesmo, mas não se torna rico diante de Deus* (Lc 12, 16-21).

MELHOR DO QUE OURO E PRATA

Qual é o balanço dos nossos "tesouros"? Pensemos naquilo que nos preocupa, nos desejos que borbulham na alma, no porquê das nossas frustrações. Porque é uma grande verdade aquilo que Jesus diz: *Onde estiver o teu tesouro, aí estará também o teu coração* (Mt 6, 21). Meu coração fica sempre alegre com o que eu valorizo e triste quando não o tenho ou quando o perco. Seguindo esta linha de exame, poderei avaliar a minha verdadeira riqueza e a minha verdadeira pobreza.

Jesus ajuda-nos ainda fazendo-nos ver que não vale a pena deixar que os bens fugazes tomem posse do coração: *Não ajunteis tesouros aqui na terra, onde a traça e a ferrugem destroem e os ladrões assaltam e roubam. Ao contrário, ajuntai para vós tesouros no céu, onde a traça e a ferrugem não destroem, nem os ladrões assaltam e roubam* (Mt 6, 19-20).

Os versículos que comentamos nos sugerem: será que você está cheio de traça e ferrugem? Acorde, antes de que seja tarde demais!

Quem anda pela senda dos mandamentos sabe o que vale a pena e o que não vale. Busca, então, os bens imperecíveis com o mesmo empenho com que outros vão atrás do ouro e da prata.

Quer ver *tesouros no céu*? Medite estas palavras do Apocalipse: *Felizes os mortos que desde agora morrem no Senhor. Sim, diz o Espírito, que descansem de suas fadigas, pois as suas obras os acompanham* (Ap 14, 13). Essas obras (ações boas e realizações boas) são os autênticos *tesouros no céu*, que ninguém nos poderá roubar porque viverão junto de Deus conosco para sempre.

UM CÂNTICO À LEI DE DEUS

O próprio Apocalipse ilustra o que são essas boas *obras*:

- *Conheço as tuas obras, o teu trabalho, a tua paciência (...). Tenho, porém, contra ti, que abandonaste o teu primeiro amor* (Ap 2, 2-4). Essas palavras de Cristo a São João, na ilha de Patmos, têm a temperatura de um coração apaixonado... e decepcionado. Muitas das nossas boas ações e realizações estão se esvaziando porque não foram feitas com amor a Deus e ao próximo, mas com rotina mecânica e por motivos interesseiros.

- *Conheço as tuas obras. Sei que és considerado vivo, mas estás morto* (Ap 3, 1). Mais uma vez temos de recordar São Paulo: *Ainda que possua a fé em plenitude, a ponto de transportar montanhas, se não tiver amor, nada sou. Ainda que distribua todos os meus bens em esmolas e entregue o meu corpo a fim de ser queimado, se não tiver amor, de nada me aproveita* (1 Cor 13, 2-3).

- Que amor é esse? Bastam duas frases de Cristo na Última Ceia para enxergá-lo: *Se guardardes os meus mandamentos, permanecereis no meu amor* (Jo 15, 10). E: *O meu mandamento é este: que vos ameis uns aos outros como eu vos amei* (Jo 15, 12). Nas páginas anteriores, não nos cansamos de repisar que os mandamentos — os Dez Mandamentos e as Palavras de Cristo — são exatamente a estrada por onde se avança rumo à plenitude do amor. Deus faça que assimilemos essa verdade com convicção.

MELHOR DO QUE OURO E PRATA

- *Aquele que é santo, continue a santificar-se* — diz, quase no final, o Apocalipse. *Eis que venho em breve, e trarei comigo a recompensa: darei a cada um segundo as suas obras* (Ap 22, 11-12). Está falando, com essas palavras, do final dos tempos, do Juízo definitivo, da grande hora da verdade em que, diante de Deus, nos veremos como realmente somos

Desta vez, como já reparou, as perguntas do exame podem ser feitas com essas próprias indicações do livro do Apocalipse.

20.

COM TUA PALAVRA, ME DESTE ESPERANÇA

Lembra-te da palavra dada a teu servo,
com ela me deste esperança (v. 49).

Isto me consola na minha miséria:
a tua promessa me faz viver (v. 50).

Espero tua salvação, Senhor,
e pratico teus mandamentos (v. 166).

Várias vezes, o Salmo 119 fala de esperança. É natural que o faça, porque fala da vida. Sem esperança não se pode viver; e, sem esperança, não se "pode" morrer bem. Quando falta a esperança, a vida torna-se angústia e a morte despenca no horror. Tire a esperança, e você verá rodopiar todos os seus sonhos, os seus amores, os seus trabalhos, as suas penas e as suas alegrias, como se fossem folhas secas num redemoinho descontrolado.

COM TUA PALAVRA, ME DESTE ESPERANÇA

Onde é que colocamos as nossas esperanças enquanto estamos vivendo? Muitas vezes, só na nossa experiência, na nossa capacitação, nas qualidades humanas que julgamos ter, nas nossas forças, na boa sorte, no nosso dinheiro... Mas sabemos, por experiência própria e alheia, que todas essas "bases de esperança" podem esfarelar-se a qualquer momento. O pessimista talvez cite, então, o Eclesiastes: *Tudo é vaidade, tudo é ilusão, neblina fugaz* (Ecl 1, 2). Mas isso não anima a viver; só isso, sem mais, pode nos deixar entregues à tristeza.

O salmista vive com esperança porque se apoia numa rocha que não se esfarela: Deus, a sua Palavra, as suas promessas. E a sua segurança se fortalece porque está disposto a ficar perto dEle, cumprindo os seus mandamentos. *Isto me consola na minha miséria*, diz.

Quando vivemos sob a "nova lei", a lei de Cristo, a esperança *não desilude* (Rm 5, 5), pois se assenta em duas rochas firmíssimas: a nossa *fé* em Deus e o Seu *amor* por nós, em Cristo. São Paulo, já condenado ao martírio, em sua carta de despedida a Timóteo dizia-lhe, com absoluta segurança: *Eu sei em quem coloquei a minha fé* (2 Tm 1, 12). Poderia lembrar também aquilo que — no meio de inúmeras tribulações humanas — escrevera na Carta aos Romanos: *Se Deus está conosco, quem estará contra nós?... Quem nos separará do amor de Cristo? A tribulação, angústia, perseguição, fome, nudez, perigo, espada?... Nenhuma criatura poderá nos separar do amor de Deus manifestado em Cristo Jesus, nosso Senhor* (Rm 8, 31.35.39).

No dia da Ressurreição, Jesus conquistou para nós, definitivamente, a esperança. Desde então, a cada minuto de nossa vida, Ele continua a oferecer-nos a possibilidade de esperar. A Ressurreição de Cristo é sempre atual, pela razão muito simples de que Jesus ressuscitado *vive* e nos *ama*, e também está *aqui*, onde quer que nos encontrarmos. Ele jamais deixa de cumprir a sua promessa: *Eis que estou convosco todos os dias, até a consumação dos séculos* (Mt 28, 20).

UM CÂNTICO À LEI DE DEUS

São Josemaria expressava essa fé com uma imagem viva: "Quando Deus Nosso Senhor concede a sua graça aos homens, quando os chama com uma vocação específica, é como se lhes estendesse a mão, uma mão paternal, cheia de fortaleza, repleta sobretudo de amor, porque nos busca um por um, como a suas filhas e filhos, e porque conhece a nossa debilidade. O Senhor espera que façamos o esforço de agarrar a sua mão, essa mão que nos estende. Deus pede-nos um esforço, que será prova de nossa liberdade"[29].

Boa parte desse esforço por caminhar agarrados à mão de Deus consiste em renovar o propósito de cumprir a sua vontade. Todos os dias, na oração da manhã, seria bom repetir as palavras do profeta Samuel: *Fala, Senhor, que o teu servo escuta* (1 Sm 3, 10); e as de São Paulo: *Que devo fazer, Senhor?* (At 22, 10). Isso é dispor-se a praticar seus *mandamentos*.

Se fizermos assim, poderemos viver na paz que nasce da esperança segura — *alegres na esperança*, diz São Paulo (Rm 12, 12) — e ter como norma o que o Apóstolo pedia aos filipenses: *Alegrai-vos sempre no Senhor! Repito: Alegrai-vos!... O Senhor está próximo! Não vos inquieteis com coisa alguma; mas apresentai a Deus todas as vossas necessidades pela oração e pela súplica, com ações de graças. E a paz de Deus, que excede toda a compreensão, guardará os vossos corações e pensamentos em Cristo Jesus* (Fl 4, 4-7).

29 *É Cristo que passa*, n. 17

COM TUA PALAVRA, ME DESTE ESPERANÇA

Façamos, então, nosso breve exame:

- Quando, por qualquer motivo, desanimo, levanto o olhar e a minha "mão" para Deus, sabendo que só Ele é a minha fortaleza?

- Abuso de um otimismo meramente humano, que no momento menos pensado me pode lançar ao vazio e ao desespero? Ainda não descobri os verdadeiros valores, aqueles que nada, nem a morte, pode arrebatar?

- Por que ainda não me decidi a dar a esses valores um lugar prioritário entre as preocupações da minha vida?

21.

SOU FIEL AOS TEUS TESTEMUNHOS

Se tua lei não fosse o meu prazer,
já há muito teria perecido na minha miséria (v. 92).

Todos os teus mandamentos são verdade;
sem razão me perseguem: socorre-me! (v. 86).

Maravilhosos são teus testemunhos,
por isso lhes sou fiel (v. 129).

A fidelidade do salmista à lei de Deus sentiu-se ameaçada tanto por suas fraquezas humanas — *minha miséria* — como pelos ataques e contradições que sofre por parte dos que *sem razão me perseguem*. Contudo, há tempo que ele possui a experiência de que a lei de Deus é o único caminho certo para a vida. Essa certeza, vivida e sentida (*tua lei é meu prazer, teus testemunhos são maravilho-*

sos), salvou-o do perigo de cair vencido pelas adversidades. Por isso *é fiel à lei de Deus*, aconteça o que acontecer.

Na Bíblia há uma figura que encarna mais que nenhuma outra essa fidelidade: é a Virgem Maria. Toda a vida dela é um *sim* a Deus, à Palavra de Deus, a tal ponto que se poderia escrever a sua biografia com o título: *A história de um sim*.

Ela ouviu a Palavra de Deus no dia da Anunciação. O Anjo Gabriel mostrou-lhe o plano divino a seu respeito, a sua vocação e a sua missão: *Não tenhas medo, Maria. Encontraste graça junto a Deus. Eis que conceberás e darás à luz um Filho, e o chamarás com o nome de Jesus. Ele será grande, será chamado Filho do Altíssimo, e o Senhor Deus lhe dará o trono de Davi, seu Pai; ele reinará na casa de Jacó para sempre, e o seu reinado não terá fim.*

Não era uma imposição. Era a exposição do plano que Deus preparara para ela e que Ele queria fazer depender da sua resposta livre. Nossa Senhora desejava compreender bem a vontade de Deus e, por isso, manifestou com candura uma aparente contradição: *Como é que vai ser isso, se eu não conheço homem algum?* A resposta do Anjo pediu-lhe apenas fé: *O Espírito Santo virá sobre ti... Para Deus nada é impossível.* Imediatamente, sem mais questionamentos nem delongas, sem se preocupar com o futuro que desconhecia, Maria pronunciou o *sim* mais belo e decisivo de toda a história da humanidade: *Eu sou a serva do Senhor; faça-se em mim segundo a tua palavra* (Lc 1, 30-38). Em virtude desse *sim* dito por ela, *o Verbo se fez carne* (Jo 1, 14) e iniciou a história da Redenção da humanidade.

Esse *sim* sempre a guiou. Ela nunca tremeu; atravessou serenamente — com admirável confiança — as numerosas vicissitudes que poderiam tê-la derrubado: a dor de ver José agoniado enquanto Deus não lhe esclarecia o milagre de sua gravidez, até a pobreza e o abandono com que deu à luz seu filho Jesus numa gruta em Belém, a precipitada saída para o Egito com a criança nos braços, fugindo da crueldade de Herodes... Finalmente, manteve a sua fidelidade até permanecer firme, ao pé da Cruz, vendo

UM CÂNTICO À LEI DE DEUS

o Filho morrer destroçado. Sua firmeza no meio dessa enorme dor continuou a ser o mesmo *sim* do primeiro dia.

Estamos vivendo uma época em que a virtude da fidelidade tem uma cotação muito baixa na bolsa de valores culturais e morais. Que pensa você sobre a fidelidade? Até onde está disposto a levar o *sim* da sua fé, da sua palavra dada, dos seus compromissos espirituais e humanos? Já reparou que hoje, para muitos, a idolatria da liberdade equivale, na prática, ao desprezo da fidelidade?

A fidelidade parece uma amarra; o compromisso, uma corrente. Em nome da liberdade, cortam-se amarras e quebram-se correntes. Para quê? Para tornarmo-nos servos das "vontades", dos caprichos, do egoísmo e dos vícios, que escravizam com correntes cada vez mais fortes e difíceis de quebrar.

Em sua primeira viagem ao México, no começo de 1979 — pouco depois da sua eleição —, o Papa João Paulo II celebrou uma Missa na Basílica de Nossa Senhora de Guadalupe e, nela, dedicou a homilia ao exemplo de fidelidade de Maria.

Ele expôs quatro dimensões da fidelidade, que resumo com frases do próprio Papa:

- "Maria foi fiel, antes de mais, quando, com amor, pôs-se a buscar o sentido profundo do desígnio de Deus nela: *Como é que vai ser isso?* Não haverá fidelidade se na raiz não houver essa busca ardente, paciente e generosa..., uma pergunta para a qual só Deus é a resposta".

- "A segunda dimensão da fidelidade chama-se acolhimento, aceitação. O *como se fará isso?* transforma-se, nos lábios de Maria, em *faça-se...* É o momento em que o ser humano aceita o mistério e lhe dá um lugar em seu coração. É o momento em que se abandona ao mistério, com a disponibilidade de quem se abre para ser habitado por Alguém maior que o próprio coração". Aceitar generosamente o que Deus pede, mesmo que desafie os nossos elaborados raciocínios, é a única atitude honesta e sincera.

SOU FIEL AOS TEUS TESTEMUNHOS

- "A terceira dimensão da fidelidade é a coerência. Viver de acordo com o que se crê. Aceitar incompreensões, perseguições, mas não permitir rupturas... Talvez aqui se encontre o núcleo mais íntimo da fidelidade"

- Finalmente, "a quarta dimensão da fidelidade é a constância. É fácil ser coerente por um ou alguns poucos dias. Difícil e importante é ser coerente por toda a vida. É fácil ser coerente na hora da exaltação; difícil é sê-lo na hora da tribulação. E só pode chamar-se *fidelidade* uma coerência que se estende ao longo de toda a vida. O *fiat* ("faça-se") de Maria na Anunciação tem a sua plenitude no *fiat* silencioso que ela repete ao pé da Cruz".

A duração põe à prova a fidelidade, e a perseverança se quebra se é somente um continuísmo rotineiro, entediante. Toda vocação é um caminho por onde a alma, de mãos dadas com Deus, pode avançar, progredindo de conquista em conquista até a maturidade do amor. Perde o valor de "caminho" quando a pessoa, em vez de avançar, recua ou para. Santo Agostinho, com expressão forte, dizia: "Há três espécies de homens que Deus detesta: o que para, o que recua e o que sai do caminho"[30].

Toda vocação, todo caminho divino, só pode ser percorrido pelo amor, por um amor que tem a entrega de Cristo como modelo. "O amor — dizia São Josemaria — não se contenta com um cumprimento rotineiro, nem se compagina com o fastio ou com a apatia. Amar significa recomeçar a servir todos os dias, com obras de carinho"[31].

30 *Sermão* 306 B, 1.
31 *Amigos de Deus*, n. 31

UM CÂNTICO À LEI DE DEUS

Agora, ao exame:

- Quando algum problema ameaça abalar a fidelidade (fidelidade à fé, fidelidade ao casamento, fidelidade às amizades), procuro a solução, prioritariamente, em Deus, na perspectiva da fé, nas virtudes da paciência e da generosidade?

- Temos uma fidelidade "criativa", que não consiste em "tocar o barco" pela inércia, mas em renovar todos os dias, com iniciativa, o nosso sim ao que Deus diariamente nos pede?

- Entendo que os meus deveres profissionais e sociais, bem como os familiares (como mãe, pai, filho), são expressão da vontade de Deus a meu respeito? Sei perguntar a Deus o que espera de mim em cada circunstância, nas coisas pequenas de cada dia?

22.

O MEU ZELO
ME DEVORA

O meu zelo me devora,
porque meus inimigos esquecem tuas palavras (v. 139).

Jamais me tires da boca a palavra verdadeira,
porque espero nas tuas normas (v. 43).

Sou amigo de todos os que te são fiéis
e observo teus preceitos (v. 63).

O salmista sofre, está inquieto, porque — como acontece também conosco — vê que é grande, e que aumenta, o número dos que se esquecem de Deus e de suas palavras. Sente, por isso, o *zelo* ardente de tornar conhecida e amada *a palavra verdadeira*, a santa lei de Deus, e suplica a Deus que não lhe permita deixar de falar dela: nunca me tires da boca a palavra verdadeira.

UM CÂNTICO À LEI DE DEUS

Ao mesmo tempo, para enfrentar essa missão, ele se sente apoiado, acompanhado, por *todos os que te são féis*.

Meditar nesses versículos do Salmo pode ser um auxílio para que se acenda também em nós o zelo de transmitir a outros a luz de Deus e das suas palavras, o conteúdo da fé que nos faz felizes e que — como meditamos desde o começo deste livro — dá sentido ao caminho de nossas vidas, enchendo-nos de segurança e de alegria.

Como é bonito captar, neste Salmo, as exclamações sinceras com que o autor nos mostra seu carinho pela lei de Deus. Diz que seus mandamentos o *deleitam* (vv. 16, 47), chama-os *suas delícias, o meu prazer* (vv. 143, 174), e exclama que são *mais doces que o mel* (v. 103). Por isso, o zelo apostólico que ele experimenta é um transbordamento da plenitude que enriquece seu coração.

Você não sente desejos de ter uma vida que, andando pelos trilhos da verdade e do bem, passe por este mundo *fazendo o bem*, como São Pedro dizia ao falar da vida de Jesus (cf. At 10, 38)? Não gostaria de viver aquilo que pregava São Josemaria: "O apostolado cristão... consiste na difusão do bem, no contágio do desejo de amar, numa verdadeira semeadura concreta de paz e de alegria"[32]? Como seria maravilhoso que o nosso modo de vida cristão estivesse assim, voltado para o bem dos outros!

De que precisamos para essa "semeadura"? Primeiro, precisamos possuir nós mesmos a "semente". Gosto muito do que diz São João em sua primeira carta, quando chama *semente de Deus* ao Espírito Santo, à graça do Espírito Santo que diviniza a nossa alma (cf. 1 Jo 3, 9). Essa é a primeira condição para "semear": ter a semente da graça de Deus em nós, viver movidos pela "energia" amorosa do Espírito Santo. Isso só acontece com aqueles que lutam para ter uma vida interior e levam a sério a busca da santidade.

---

32 *É Cristo que passa*, n. 124.

O MEU ZELO ME DEVORA

Junto com a semente da *graça*, que se cultiva e desenvolve tendo por alimento os sacramentos (Confissão, Eucaristia...), a oração e a penitência, precisamos da "semente" da *doutrina*. De que serve a boa vontade de um coração que quer transmitir luz se não conhece a verdade, se não tem *a luz da vida* (Jo 8, 12)? De que serve regar e adubar a terra se não há semente que plantar nela?

Pense que a vida cristã é como uma árvore poderosa, que nunca para de crescer e de dar fruto. Mas, para isso, precisa ter as raízes profundamente fincadas em *terra boa*, como diz a parábola do semeador: *O que foi semeado em terra boa* — ensina Jesus — *são os que, tendo ouvido a Palavra com coração nobre e generoso, conservam-na e produzem fruto pela perseverança* (Lc 8, 15).

A Palavra é a doutrina que, brotando das fontes da Escritura, é exposta, ilustrada e aplicada à vida do cristão pelo Magistério da Igreja, e que nos leva a assimilar o que Deus quer de nós: a sua santa Lei — a lei natural e a lei evangélica — e o modo de encarná-la em nossa vida. Leva-nos, além disso, a esforçar-nos por difundi-la entre todos os que a desconhecem. Como, há quinze séculos, dizia São João Crisóstomo, "maior honra merece quem livra uma alma da ignorância do que quem dá de comer a um faminto"[33].

Além do apostolado que podemos fazer com a "boca", com a fala — muitas vezes numa conversa singela em casa, com um amigo, com colegas, ou pelas redes sociais —, deve falar acima de tudo o exemplo de nossa vida: especialmente o das *virtudes*, e também o daquela *alegria* que só se explica como fruto do amor e da confiança em Deus. Esta é a nossa missão. A vocação cristã sempre nos chama a uma missão!

Que sejamos capazes de corresponder ao grande apelo que nos fazia São João Paulo II quando entrávamos no terceiro milênio: "Como sucedeu aos discípulos de Emaús, vamos correr para levar aos nossos irmãos o grande anúncio: "Vimos o Senhor!""[34].

33 *Diálogo com Paládio*, n. 12.
34 Carta apostólica *Novo millennio ineunte*, n. 59.

UM CÂNTICO À LEI DE DEUS

E o Papa Francisco, em Copacabana: "Compartilhar a experiência da fé, dar testemunho da fé, anunciar o Evangelho é o mandato que o Senhor confia a toda a Igreja, também a você... Não só nos envia, mas nos acompanha, está sempre ao nosso lado nesta missão de amor"[35].

Para o último exame, façamos apenas duas breves perguntas:

- O modo como encaro a minha vida cristã me permite possuir luz e vida em abundância, para poder reparti-las? Procuro constantemente enriquecer a minha vida espiritual e o meu conhecimento da fé e da moral cristã?

- Que fiz até agora para aproximar outras almas de Deus? Estou decidido a não permitir que nenhum dos que eu poderia ter ajudado possa dizer, no fim da vida, o que o paralítico da piscina dizia a Jesus: *Não tenho ninguém que me ajude* (Jo 5, 7), não tive ninguém que me ajudasse?

---

35 *Palavras do Papa Francisco no Brasil*, Ed. Paulinas, São Paulo, 2013, p. 122.

Direção geral
Renata Ferlin Sugai

Direção de aquisição
Hugo Langone

Direção editorial
Felipe Denardi

Produção editorial
Juliana Amato
Sérgio Ramalho
Ronaldo Vasconcelos

Capa & diagramação
Gabriela Haeitmann

ESTE LIVRO ACABOU DE SE IMPRIMIR
A 28 de SETEMBRO DE 2024, EM PAPEL PÓLEN BOLD 90 g/m².